Dr. Ekkehard Assfalg

Dr. Vinzenz Mansmann

Jesus Christus ist unsere Mitte

REGIATREX-VERLAG

Ekkehard Assfalg · Vinzenz Mansmann

Jesus Christus ist unsere Mitte

Anleitung zur christlichen Meditation

REGIATREX-VERLAG

3.Auflage 1994
REGIATREX-VERLAG
D-88212 Ravensburg, Vorarlbergerstr. 13
ISBN 3-928080-01-6
Druck: Kösel Kempten
Gestaltung, Schemazeichnungen
Aquarell S. 135: Dipl.-Graph. W.Geiger
Titelbild: Herkunft nicht völlig geklärt:
Wahrscheinlich ein Foto eines NASA-Wissenschaftlers
vom Antlitz Christi im bekannten
Grabtuch von Turin
Wir danken dem MEDIATRIX Verlag
ZISCHKIN GmbH für die freundliche zur
Verfügungstellung der Lithos.
Fotographien:
S.8, 11, 12, 14, 57, 60, 69, 74, 100, 113, 116,
137, 141, 146, 148: Michael Walke
S. 23: Dr. Mansmann
Wandaquarell S. 124: Hans-Peter Rast
S. 152 Ferruzzi-Madonna
S. 5, 17, 27, 32, 34, 36, 37, 39, 53, 55, 65, 72, 76,
79, 80, 82, 86, 87, 94, 97, 98, 102, 103,
119, 121, 122, 127, 130, 133:
Dr. Ekkehard Assfalg

Vorwort

"Ich bin der Weg, die Wahrheit und das Leben; niemand kommt zum Vater außer durch Mich!"

Unendlich viele Wege bieten sich heute an für die Suche nach Gott. Viele Abwege sind darunter, viele Irrwege und Umwege: breite, bunte, laute Straßen, oft voller Leben. Sie bieten alles, was das "Herz" begehrt, und meist bemerkt man erst nach langer Wanderschaft, daß man einer Sackgasse oder im günstigen Fall einer Umleitung nachgelaufen ist.

Ein Weg nur führt direkt zu Gott. Er ist unscheinbar, sein Eingang meist hinter Gestrüpp verborgen. Lautlos, schmal und einsam, oft genug fast unsichtbar im Nebel oder hinter der nächsten Biegung versteckt, führt er den, der sich ihm anvertraut, auf direktem Weg zum Vater: Jesus Christus ist dieser Weg. Er ist unsere Mitte.

Nicht Selbstverwirklichung oder Erleuchtung ist das höchste Ziel, sondern die tägliche Nachfolge Christi. Diese Nachfolge ohne tägliche Anstrengung, ohne tägliches Gebet oder tägliche Meditation ist undenkbar. Sie fordert von jedem Willenskraft, Ausdauer, Geduld und das Vertrauen darauf, daß Gott uns Menschen mit offenen Armen entgegenkommt.

Ich freue mich, daß meine Freunde mit dem vorliegenden Buch das Tor zu diesem Weg weit aufgestoßen haben. Klar und deutlich liegt er vor uns, alle wichtigen Stationen sind beschrieben, alle Hindernisse erklärt. Die einfache Sprache macht das Buch für jedermann verständlich.

Allen Lesern wünsche ich Gottes Kraft und Segen auf diesem Weg zum Leben.

Benjamin Klein, Mai 1988

Keiner von uns geht allein
Keiner von uns denkt allein
Keiner von uns liebt allein
Unsere Engel sind immer dabei.

Ihrer unsichtbaren Führung
Verdanken wir dieses Buch
Und ihrer unsichtbaren Liebe
Wollen wir es widmen.

Inhalt

"Nichts, was von außen in den Menschen hineinkommt, kann ihn unrein machen, sondern was aus dem Menschen herauskommt, das macht ihn unrein. Denn von innen, aus dem Herzen der Menschen, kommen die bösen Gedanken."

(Mk 7,15 und 21)

Einleitung

Bestimmt tausend Bücher gibt es inzwischen, die sich in irgendeiner Form mit Meditation befassen. Wozu denn nochmal eines? Man sollte eigentlich meinen, dieses Thema sei inzwischen lückenlos und umfassend dargestellt. Dem ist jedoch nicht so. Meditation basiert in der Regel auf buddhistischen und hinduistischen Denksystemen. Das westliche Christentum hat in dieser Richtung anscheinend nichts zu bieten!

Ein harter Dogmatismus hat die christliche Mystik niedergehalten, ebenso wie die Überbetonung einer falsch verstandenen Gerechtigkeit Gottes zu Lasten der Liebe. Denn Mystik wächst nur auf dem Boden der Liebe, und Meditation ist wesentlicher Teil der Mystik. Nachdem sich nun seit einiger Zeit ein Wandel in dieser Richtung vollzieht, machen sich auch im Christentum des Westens wieder mystische Einflüsse bemerkbar, meditative Elemente wie Gebetsmeditation, Bildbetrachtungen und ähnliches. Doch durch das Fehlen einer mystisch - meditativen Tradition steckt dieser Weg noch in den Kinderschuhen. Des weiteren wird dieser Weg von vielen in den Bereich der "Esoterik", des "New Age" oder der fernöstlichen Religionen eingeordnet und als "unchristlich", "antichristlich" oder gar als "Ketzertum" abgetan. Die Leute, die in diesem Denken verhaftet sind, haben leider nicht die allergeringste Ahnung von diesen Dingen und werden meist auch von einer geradezu diabolischen Angst gefangengehalten. Gott läßt sich jedoch durch Angst nie erfahren. Im Gegenteil: Angst ist eine Schranke, die jeden Weg zu Gott verschließt. Die christliche Meditation hat mit Okkultismus nicht das allergeringste zu tun. Ganz im Gegenteil! Es ist die Möglichkeit, sich frei zu machen von unseren Sorgen und Problemen, die Hast der Welt abzulegen und sich vorbehaltlos in die Hände Gottes, in die Hände Jesu Christi zu begeben.

Die heutige "kopflastige" Theologie spricht nicht mehr aus eigener Gotteserfahrung, für sie ist Gott ein Fremder. Das Herz wird zur reinen Blutpumpe degradiert, und man versucht, Gott mit dem Kopf, mit dem Verstand zu erfassen. Es wird zwar viel *über* Gott gesprochen, aber nicht mehr *mit* Ihm. Gotteserfahrung aber ist nicht durch Wissen möglich, auch nicht durch Wissenschaft, sondern nur durch Gebet und Meditation. Gerade bei der Meditation ist aber eine gute Technik unerläßlich. Sonst bleibt es mehr oder weniger bei Entspannungsübungen, die vielleicht geeignet sind, einmal eine Atempause einzulegen, kurze Zeit den Alltagsstreß zu vergessen. Doch echte Meditation ist eben mehr als nur Sitzen, ist mehr als nur Entspannung. Sie kann Kraft schöpfen und Probleme lösen, sie kann geistige und körperliche Wunden heilen, und sie kann noch mehr:

Ziel einer christlichen Meditation ist es, eine Verbindung zu Gott herzustellen, zu Jesus Christus.

Und diesen Weg möchte Ihnen das vorliegende Buch öffnen.

Wir wollen Ihnen eine praktische und leicht verständliche Anleitung an die Hand geben, für jeden durchführbar, anpassungsfähig an alle Lebensbedingungen. Wir werden daher auf alles wissenschaftlich - philosophische Beiwerk verzichten, das nicht unumgänglich notwendig ist, um die geistige Welt wirklich zu verstehen, die unserer rationalen und materiellen Denkweise doch ziemlich fremd ist. Damit in der Fülle der Information das Wesentliche nicht untergeht, haben wir im IV. Teil klare und kurzgefaßte Übungsanleitungen für jede Situation zusammengestellt.

Gottes Gnade und Segen mögen Sie allezeit begleiten auf dem Weg zu Ihm durch den Dschungel menschlicher Unzulänglichkeiten und der Verlockungen des Bösen.

Das wünschen Ihnen Ihr

Dr. Ekkehard Assfalg

Dr. Vinzenz Mansmann

"Dennoch kamen sogar von den führenden Männern viele zum Glauben an Ihn; aber wegen der Pharisäer bekannten sie es nicht offen, um nicht aus der Synagoge ausgeschlossen zu werden. Denn sie liebten das Ansehen bei den Menschen mehr als das Ansehen bei Gott."

(Joh 12,42 f)

Der Glaube ist das Tor zur Freiheit.

Geht es auch ohne Christus?

Auch wenn Sie mit Christus nicht viel anfangen können, ja, selbst wenn Gott für Sie nur nebelhaft und in weiter Ferne existiert, können Sie mit dieser Meditation Ihre Probleme lösen und zu einem glücklicheren und gesünderen Leben finden.

Viele von uns haben Gott in die Ecke gedrängt. In die Kirche geht man zwar noch ab und zu - es ist ja irgendwie Tradition - und Taufe, Erstkommunion bzw. Konfirmation und Hochzeit sind ja auch so schöne Feste! Aber das Wort *Jesus Christus* nimmt man am besten gar nicht in den Mund, man könnte sonst ja für senil oder sentimental gehalten werden oder als "Betschwester" gelten. Man traut sich einfach nicht, "darüber" zu sprechen. Das scheint ein uraltes Problem zu sein, mit dem Jesus schon zu kämpfen hatte, wie das vorangestellte Bibelwort zeigt. Desweiteren bietet die heutige Welt so vieles, was man unbedingt mitmachen muß, daß man für "so etwas" keine Zeit mehr hat.

Nun, auch wenn Sie von Gott nicht mehr viel wissen wollen, auch wenn Sie Christus für entbehrlich halten, fangen Sie ruhig an zu meditieren - vorausgesetzt, Sie haben das Gefühl, daß da "noch etwas" ist. Auf der körperlichen Ebene werden Sie denselben Erfolg haben! Durch die Meditation können Sie sehr schnell gesünder und glücklicher werden und Ihr Leben besser meistern. Auch werden Sie genausoviel Energie erhalten! Gott macht grundsätzlich keine Unterschiede: *"Er läßt regnen über Gerechte und Ungerechte" (Mt 5, 54).* Jeder, der den Schlüssel zu Seiner "Vorratskammer" in Händen hält, kann sich bedienen. Er läßt uns bewußt völlig freie Hand; denn Er will, daß wir wirklich aus freien Stücken zu Ihm kommen, Er zwingt uns nie, auch nicht dadurch, daß Er während unseres Erdenlebens die bevorzugt, die an Ihn glauben. Ganz im Gegenteil! Er macht es ihnen sogar oft noch schwerer, da Er ihren Glauben prüft, damit Er und sie ganz sicher sein können!

Doch was nützt uns aller Erfolg, den wir mit der Meditation für dieses Leben erreichen können? Mit unserem Tod nehmen wir ihn mit ins Grab!

Auch wenn Sie (noch) nicht glauben, bleiben Sie bitte offen! Wenn Sie sich sperren dagegen, wenn Sie sich schon vorab innerlich wehren, dann hat Gott keine Chance, Ihnen Seine Botschaft ins Herz zu legen. Bleiben Sie offen, und versuchen Sie, in der Meditation in sich hineinzuhören. Und bleiben Sie bitte auch ausdauernd! Die Kraft dazu erhält jeder, der über das nötige Wissen verfügt.

"Im Anfang war das Wort, und das Wort war bei Gott, und Gott war das Wort. Alles ist durch das Wort geworden, und ohne das Wort wurde nichts, was geworden ist. In ihm war das Leben, und das Leben war das Licht der Menschen."

(Joh 1,1-4)

I. Wozu christliche Meditation?

Alles ist Schwingung

Was ist eigentlich Leben? Wodurch bleibt es erhalten, wovon leben wir? Wir können uns dabei zunächst an das anlehnen, was unsere Naturwissenschaften herausgefunden haben. Einer der Kernsätze der Physik lautet: *Alles, was ist, ist Energie!* Jeder kennt sie in Form von Wärme- und Lichtstrahlen, Röntgen- und radioaktiven Strahlen. Ebenso wie bei den Schallwellen oder den Wellen von Funk und Fernsehen, so handelt es sich bei jeder Form von Energie immer um Schwingungen. Materie - Sterne, Erde, Mensch, alles Sichtbare - ist nur eine andere Form von Energie! Es ist sozusagen "verdichtete" Energie. Unsere Physiker sind schon lange in der Lage, die kleinsten Atomteilchen in Energie umzuwandeln und umgekehrt, und wir sind ja nichts anderes, als eine unvorstellbar große Zahl von Atomen, die - wiederum durch Energie - nach einem einzigartigen Plan zusammengehalten werden.

Und wie die Energie selbst als Schwingung auftritt, so hat auch jeder materielle Körper eine Eigenschwingung! Sie alle kennen dies vom Quarz, dessen sehr konstante Schwingung von etwa 100.000 Hertz heute in den meisten Uhren die Zeit steuert. So hat alles, jeder Stein, jedes Lebewesen, seine eigene Schwingung.

Die Schwingungen, die unseren Naturwissenschaften bekannt sind, stellen allerdings nur einen winzigen Ausschnitt aus dem großen Schöpfungsspektrum Gottes dar. Alle die Schwingungen, für die die Physik (noch) keine Meßgeräte hat, werden daher üblicherweise als geistige Schwingung oder geistige Strahlung bezeichnet.

Daß alle Energie von Gott stammt, braucht hier sicherlich nicht näher erläutert zu werden, denn Energie kann nicht aus dem Nichts entstehen. Es ist vielmehr Seine Schwingung, aus der wir geboren wurden und von der alles lebt, jeder Stern, jeder Stein, jedes Lebewesen. Aber man muß noch einen Schritt weitergehen. Diese Energie, aus der alles, also auch der Mensch besteht, ist in ihrem letzten Ursprung Gott selber! Sie entspringt Seinem Wesen, es ist Seine Liebe, die in uns lebt und in jeder Sekunde unser Leben unterhält. Gott ist alles, was ist. In der ganzen Schöpfung gibt es nichts, was sich außerhalb von Gott befindet! Das ist auch sehr leicht zu verstehen. Gott ist ewig, ohne Anfang, ohne Ende, vor Ihm gab es nichts, Er war vor aller Zeit. Wenn Er uns nun nicht aus Sich selbst heraus erschaffen hätte, sondern aus irgendeiner anderen Substanz, dann hätte diese ja entweder vor Ihm da sein müssen, oder jemand anderes hätte sie erschaffen müssen! Damit wäre Gott nicht mehr ewig und nicht unendlich, Er wäre nicht mehr Gott! So aber ist alles, genau wie jeder von uns, ein Teil Gottes!

Wir reden gerne davon, daß unsere Kinder unser "Fleisch und Blut" sind. Dabei steuert der Mann nur die kleine Samenzelle bei, und auch die Mutter liefert außer der einzigen Eizelle während der Schwangerschaft lediglich die Nahrungsgrundstoffe, aus denen dann der kleine Mensch seinen Körper selber aufbaut. Nicht ein Tropfen Blut gelangt von ihr in den Kreislauf des Kindes! Und sehen wir schon unsere Kinder als unser Fleisch und Blut an, mit wieviel mehr Berechtigung kann uns dann Gott als Seine Kinder bezeichnen! Daher ist es Gott auch nicht gleichgültig, was mit uns passiert, daher hängt Er an jedem Einzelnen von uns, daher ist Ihm jeder Einzelne gleich wichtig, und darum wird Er nie aufgeben, uns alle wieder zu Sich zurückzubringen. Das Problem ist nur, daß Gott in Seinem großen Schöpfungsplan jedes Wesen mit einem freien Willen ausgestattet hat. Er wollte nicht von Sklaven oder Robotern umgeben sein, die Ihn lieben müssen, weil Er sie so programmiert hat. Er will und braucht unsere Liebe - aber nur, wenn wir uns völlig frei für Ihn entscheiden.

Wir alle haben bereits einmal versagt und befinden uns nun auf dem Rückweg zu Gott. Es ist ein langer Weg, und er ist oft steil und steinig. Dafür brauchen wir sehr viel Kraft, sehr viel Energie. Meditation ist einer der Schlüssel zu dem unendlichen Energiereservoir Gottes.

Alles ist Schwingung! Die Energie, aus der wir bestehen, von der wir leben, mit der wir arbeiten, alles ist die Schwingung Gottes. Er stellt sie uns "rein" zur Verfügung, denn das Wesen Gottes ist Liebe, Er ist ausschließlich gut, nicht das geringste Böse, nicht der kleinste Schatten ist in Ihm zu finden. Unsere Aufgabe ist es nun, uns geistig so weit zu reinigen, daß wir in der Lage sind, diese Energie aufzunehmen und sie als gute Energie weiterzugeben, ohne sie zu verunreinigen, ohne ihr durch unsere Gedanken eine negative Schwingung aufzuprägen! Wir können sie zum Guten, aber auch zum Bösen verwenden. Hier zeigt sich wieder, wie unendlich weise und gütig Gott ist. Niemand soll aus Versehen sich und andere schädigen können. Ohne das nötige Wissen erhält jeder nur so viel Energie, wie er unbedingt zum Leben braucht. Je mehr die geistigen Gaben reifen, desto mehr Energie kann dann auch abgerufen werden - aber desto größer wird auch die Verantwortung! In dem Maße, wie durch die Meditation unsere geistige Kraft, unser Energiepotential wächst, müssen wir uns um das Gute, um die geistige Reinheit, um die Liebe bemühen. Vor allem eines steht uns hierbei im Wege: unsere Gedanken.

Es gibt in der ganzen Welt nicht ein einziges Wesen, das von Gott nicht geliebt wird.

"Du sollst den Herrn, deinen Gott, lieben mit ganzem Herzen, mit ganzer Seele und mit all deinen Gedanken."

(Mt 22,36)

Die Kraft der Gedanken

Was sind eigentlich Gedanken? Aus was bestehen sie? Haben Sie sich darüber schon einmal Gedanken gemacht? Man kann sie nicht fassen, nicht wiegen. Sind sie daher ein Nichts?

Der Biophysik ist es in den letzten Jahren gelungen, Gedanken elektronisch aufzuzeichnen. Ein bestimmter Gedanke gibt immer wieder genau dasselbe Schwingungsmuster. Man kann in entsprechenden Versuchsreihen aus dem Schwingungsmuster einfache Gedanken herauslesen! Und das sind nur die allerersten Anfänge! Gedanken, auch sie sind ja Schwingungen, die aus kleinsten Energiemengen bestehen. Sicherlich, das sind normalerweise extrem geringe Energiemengen, und vielleicht werden Sie jetzt sagen, so ein bißchen Energie, das zählt doch gar nicht. Oh doch! Es kommt nicht immer auf die Menge an, auch ganz winzige Energiemengen können große Wirkungen hervorrufen. Der kleinste Anlaß kann oft eine folgenschwere Lawine auslösen. Zum Zünden eines Sprengsatzes oder auch einer Atombombe wird nur sehr wenig Energie benötigt, und trotzdem ist die Wirkung verheerend. Und wenn dies schon für den physischen, den materiellen Bereich gilt, wieviel mehr dann für den geistigen Bereich, wo keine Materie bewegt werden muß, wo keine Schwerkraft, keine Reibung, keine Zeit existiert, die überwunden werden muß? Bei allem, was wir tun, ob wir essen oder gehen, helfen oder verletzen, immer steht am Anfang: ein Gedanke! Er hat die Handlung zwar nicht ausgeführt, das haben andere für ihn übernommen: Hände, Beine, Werkzeuge - aber er ist der Urheber davon! Wäre dieser Gedanke nicht gewesen, hätte auch die entsprechende Tat nicht folgen können!

Bei einigem Nachdenken wird es uns klar: Es gibt nichts auf der Welt, absolut nichts, von dem nicht ein Gedanke die Ursache ist. Alles beginnt mit einem Gedanken!

Doch gehen wir noch einen Schritt weiter zurück. Wie hat Gott uns denn erschaffen? Daß es Seine Substanz ist, aus der wir bestehen, daß es Seine Energie ist, die in uns lebt, haben wir im vorigen Kapitel gesehen. Aber *wie* hat Er uns dann erschaffen? Hat Er uns wirklich mit Seinen Händen aus Lehm geformt? Und wie hat Er dann wohl den Lehm erschaffen?

"Im Anfang war das Wort, und das Wort war bei Gott, und Gott war das Wort. Dieses war im Anfang bei Gott. Alles ist durch dieses geworden, und ohne es wurde auch nicht eines von dem, was geworden ist" (Joh 1,1-4).

Einer der größten Mystiker, der Evangelist Johannes, beginnt so sein Evangelium. Und Ähnliches können wir in den heiligen Schriften der meisten Religionen finden. Der Begriff *das Wort* gibt leider den Sinn des griechischen *logos*, das Johannes verwendet hat, nur sehr unvollständig wieder. Der Begriff *logos* hat im Griechischen eine sehr umfassende Bedeutung. Sein Grundinhalt ist die *Gedankenkraft*. Doch was ist das Wort anderes als ein ausgesprochener Gedanke? Die Griechen wußten sehr wohl um diese Dinge.

Diese Zeilen wollen sagen: Alles, was ist, ist durch die Gedankenkraft Gottes geworden! Das ganze Universum, alles ist nur Sein Gedanke und lebt von der Energie dieses Gedankens. Welch unvorstellbare Macht liegt in den Gedanken Gottes! Doch Gott hat diese Schöpferkraft nicht Sich alleine vorbehalten. Jedem von uns hat Er diese Gabe in die Wiege gelegt und hat jeden von uns damit zu einem Mit-Schöpfer gemacht. Der Unterschied besteht "nur" darin, daß unsere Gedanken unendlich viel schwächer sind. Warum? Wollte Gott uns damit beweisen, daß wir meilenweit unter Ihm stehen? Nein! Er wollte uns lediglich schützen - vor unseren eigenen Gedanken! Überlegen wir uns doch einmal, was wir so den ganzen Tag über denken. Was wäre wohl, wenn unsere Gedanken so mächtig wären, daß sie immer gleich Wirklichkeit werden würden? Selbst wenn wir einmal von denen absehen, die anderen absichtlich Böses antun wollen: Wie oft denken wir auch über unsere Freunde Schlechtes! Wie oft ärgern wir uns über sie! Wie oft würden wir ihnen gerne einen Denkzettel verpassen! Was wäre, wenn dies alles Wirklichkeit werden würde?

Erst wenn wir in der Lage sind, unsere Gedanken zu kontrollieren, erst wenn sichergestellt ist, daß wir nicht durch negative Gedanken allzuviel Schaden anrichten, erst dann wird es uns möglich sein, unsere Gedankenkraft zu stärken, unsere Gedanken kraftvoller und mächtiger zu gestalten.

Denn ein negativer Gedanke ist eine Energiewelle, der eine negative Schwingung aufgeprägt wurde. Die ursprünglich reine, gleichmäßige, "saubere" Energieschwingung wird damit verunreinigt. Dies hat immer schädigende Wirkung, Zerstörung zur Folge.

Hierzu ein Beispiel: Vielleicht kennen Sie das sog. Elektrotom beim Chirurgen oder beim Zahnarzt. Es ist praktisch ein elektrisches Messer, dessen Spitze aus einer kleinen Drahtschlinge besteht, die von einem elektrischen Strom durchflossen wird. Über verschiedene Filter wird der Strom nun "gereinigt", so daß seine Schwingung ganz gleichmäßig ist (Sinuskurve), ohne jede Störung. Damit läßt sich ein sauberer Schnitt ausführen, ohne daß das umgebende Gewebe Schaden erleidet. Dabei ist der Schnitt umso feiner und die Schädigung des Gewebes umso geringer, je reiner die Schwingung ist. Mit zunehmender "Verunreinigung" der Schwingung wird die Schädigung immer größer, bis schließlich das Gewebe völlig zerstört wird, ohne daß dabei jedoch die Stromstärke, also die Energie, zugenommen hätte!

Und genau dasselbe gilt auf der geistigen Ebene für unsere Gedanken. Negative Gedanken sind "verunreinigte" Schwingungen und haben immer eine zerstörende Wirkung, und das umso mehr, je intensiver, je konzentrierter, je energiereicher sie sind. Sie können leicht selbst feststellen, daß es schwache und starke, also energiearme und energiereiche Gedanken gibt. Setzen Sie sich einmal eine Viertelstunde hin, und tun Sie einfach nichts. Es werden Ihnen hundert Gedanken durch den Kopf gehen, Sie sind ständig am "Denken", aber nach dieser Viertelstunde werden Sie sich nicht müde fühlen. Versuchen Sie nun einmal, eine Viertelstunde lang intensiv an irgend etwas Bestimmtes zu denken, einen Baum zum Beispiel. Stellen Sie sich die ganze Zeit diesen Baum vor, und versuchen Sie, sich auf diesen Baum zu konzentrieren. Sie werden danach ziemlich erschöpft sein. Man kann aber nicht ohne Grund erschöpft sein, sondern nur dann, wenn man viel Energie verbraucht hat. Und Energie geht, wie wir schon wissen, nie verloren. Sie steckt in diesen Gedanken! Zwar haben Sie auch während der ersten Viertelstunde ständig "gedacht", aber das hat Sie nicht angestrengt, diese Gedanken waren schwach, energiearm.

Nochmals zurück zum Anfang: Ein Gedanke, das ist eine winzige Energiemenge, die uns, sobald der Gedanke gedacht ist, als Schwingung verläßt. Es ist unmöglich, einen Gedanken zurückzuhalten! Es ist unmöglich, einen Gedanken "für sich zu behalten", und es ist auch unmöglich, einen Gedanken ungeschehen zu machen! Energie kann nicht vernichtet werden! Niemals! Das ist ein Gesetz, das auch die Physik kennt. Mit anderen Worten: Jeder Gedanke, den wir irgendwann einmal gedacht haben, bleibt unauslöschlich für alle Ewigkeit erhalten! Er läßt sich im Geistigen jederzeit wiederfinden, und jeder von uns wird nach seinem Tod mit all seinen Gedanken konfrontiert werden!

In der geistigen Welt gibt es keine Orte, zu denen man reisen kann wie hier auf der Erde. Die geistige Welt ordnet sich nach Schwingungsräumen. Je höher, je reiner die eigene Schwingung ist, desto näher befindet man sich bei Gott; je tiefer, je unreiner die Schwingung ist, desto größer wird der Abstand. "Hölle" wird der Zustand genannt, in dem sich die Wesen mit dem tiefsten Schwingungsgrad befinden, und "Himmel" bezeichnet demgemäß den Zustand mit der höchsten Schwingungsfrequenz. In der geistigen Welt befindet man sich automatisch auf der Schwingungsebene, die der Schwingung unserer Geistseele entspricht. Diese aber ist abhängig von unseren Gedanken. Haß erzeugt dabei die niederste, die tiefste Schwingung, selbstlose Liebe die höchste. Nicht Gott ist der große Strafrichter, der uns nach unserem Tod "Hölle", "Fegefeuer" oder "Himmel" zuweist. Nein! Das besorgen wir selbst, und zwar hier auf der Erde mit unseren Gedanken!

Aber nicht erst dann werden uns unsere Gedanken Kummer bereiten, bereits heute schaden sie uns weit mehr, als wir uns vorstellen können: Unser Körper ist umgeben von einer geistigen Strahlung, der sogenannten Aura. Sie ist das Abbild unseres geistigen Zustandes. In ihr spiegeln sich unsere Gedanken, sie umgeben uns wie Lichtwolken - oder wie Nebelschwaden. Sie können die Farben dieser Aura (auch Farben sind ja Schwingungen) heller und reiner werden lassen - oder dunkler und schmutziger. Wer in der Lage ist, diese Aura zu sehen oder zu fühlen, dem öffnet sich ein Blick in unsere Seele, es läßt sich nichts verstecken. In der geistigen Welt gilt verstärkt der Spruch: "Gleich und gleich gesellt sich gern." Wie ein Magnet ziehen schlechte Gedanken das Böse an. Sie geben ihm die Möglichkeit, sich an uns zu heften, diese Gedanken zu verstärken, uns andere unreine Gedanken aufzudrängen. Wie ein Sog wirken unsere negativen Gedanken auf andere negative Gedanken und Einflüsse und umgeben uns mit einer negativen Schwingung, die dann unsere ursprünglich reine und "gesunde" Eigenschwingung verändert. Doch negative Schwingung im Geistigen, das bedeutet im Physischen: Seelische Verstimmung, Depression, Krankheit! Und das ist die wahre Ursache vieler Krankheiten. Bevor sich eine Erkrankung im Körper zeigt, geht ihr oft schon lange eine Veränderung unserer Schwingung voraus. Das ist die Wirkung unserer Gedanken, die uns direkt betrifft.

Die zweite betrifft zunächst unsere Mitmenschen, indirekt aber doch auch wieder uns selber:

Ein Gedanke findet immer sein Ziel! Automatisch!

Das ist eines der Gesetze der geistigen Welt. Aber der Gedanke trägt auch immer den Stempel des Absenders! Anonyme Gedanken gibt es nicht! Welchen Schaden nun ein negativer Gedanke anrichtet, das hängt vom Empfänger ab. Im Normalfall wird er über keinen geistigen Schutz verfügen, er wird nicht "abgeschirmt" sein, das heißt, daß unsere negativen Gedankenschwingungen ungehindert ihr Ziel erreichen und die Eigenschwingung dieses Menschen entsprechend verändern mit denselben Folgen: Seelische Verstimmung, Depression, Krankheit. Es ist keine Übertreibung: Gedanken können auch töten! Je intensiver der Gedanke und je schwächer der Mensch, dem er zugedacht ist, desto stärker wird die Wirkung sein! Und für allen Schaden, den ein Gedanke anrichtet, ist der Absender voll verantwortlich! Wir sollten uns dessen immer bewußt sein.

Ein negativer Gedanke kann aber nur dann negative Folgen bei einem anderen Menschen haben, wenn dieser selbst negative Schwingungen in seiner Aura hat. Da aber niemand ganz rein ist, so ist er in dem Maße gefährdet, wie er negative Gedanken und Gefühle besitzt und pflegt! Der beste Schutz ist also, frei von negativen Schwingungen zu sein, also gar keine negativen Gedanken mehr entstehen zu lassen.

"Die Gedanken sind frei", steht sinngemäß in unserem Grundgesetz. Das mag sein. Niemand kann uns unsere Gedanken verbieten. Das tut nicht einmal Gott! Er hat uns als freie Wesen erschaffen, und diese Freiheit ist Ihm heilig. Doch was uns von Ihm trennt, das sind nicht unsere Taten, sondern das sind unsere Gedanken, denn sie sind die Urheber von allem. Erst wenn wir soweit gekommen sind, daß wir keine selbstsüchtigen Gedanken mehr haben, daß unsere Gedanken stets von der Liebe Gottes getragen sind, dann haben wir unser Ziel erreicht. Als Jesus einmal gefragt wurde, welches Gebot das wichtigste sei, antwortete Er:

"Du sollst den Herrn, deinen Gott, lieben mit ganzem Herzen, mit ganzer Seele und mit all deinen Gedanken. Das ist das wichtigste und erste Gebot. Ebenso wichtig ist das zweite: Du sollst deinen Nächsten lieben wie dich selbst" (Mt 22,37f).

Er sagt nicht, du sollst Opfer bringen, Buße tun, gute Werke verrichten. Nein, das erste sind die Gedanken! All deine Gedanken sollen Gott lieben und deinen Nächsten, dann brauchst du dich um nichts anderes mehr zu kümmern, dann folgt alles andere von alleine! Und Jesus kannte auch die Wirkungen der negativen Gedanken:

"Wer eine Frau auch nur lüstern ansieht, hat in seinem Herzen schon Ehebruch mit ihr begangen" (Mt 5,28).

Unserer Gedanken sind wir uns oft gar nicht bewußt. Sie sind wohl da, aber wir achten nicht auf sie. Negative Gedanken kriechen wie Schlangen in unserem Gehirn herum und nagen an unseren Gefühlen. Ganz heimlich schleichen sie sich in unsere Seele ein und erzeugen damit die negativen Emotionen: Lieblosigkeit, Trauer, Zorn, Wut, Haß. Wir können sie als Früchte der Gedanken ansehen! Die meisten Menschen bewegen sich ja nicht auf der gedanklichen Ebene, sondern auf der Gefühlsebene. Doch alles, was wir soeben über die Gedanken gesagt haben, das gilt im selben Maße für unsere Gefühle. Der weitaus größte Teil unserer Krankheiten entsteht aufgrund negativer Emotionen!

Eine ähnliche Rolle spielen auch unsere Wünsche. Ein Wunsch ist nichts anderes als ein mit viel Energie aufgeladener Gedanke. Ein Wunsch sucht sich immer zu verwirklichen! Die meisten unserer Wünsche sind aber materieller Art! Sie führen uns weg von unserer Mitte, weg von unserem Geist und meist auch weg von Gott! Sie zwingen unsere Geistseele auf die materielle Ebene hinunter! Die Folgen kennen wir ja schon: Unsere Schwingung wird gröber, und wir bewegen uns in Richtung Krankheit. Das ist das Gesetz! Es läßt sich nicht umgehen! Und sämtliche Medikamente und Behandlungsmethoden können es nicht außer Kraft setzen und daher keine dauerhafte und vollständige Heilung erzielen. Wir sind diesem Gesetz unterworfen, müssen also negative Emotionen und Wünsche beherrschen lernen! Doch sie lassen sich so einfach nicht vernichten! Disteln kann man nicht dadurch ausrotten, daß man ihnen die Früchte wegnimmt. Die Wurzeln muß man entfernen! Und das sind unsere negativen Gedanken!

Wenn wir uns die zerstörende Wirkung, die unsere negativen Gedanken haben, vor Augen führen, dann dürfen wir froh sein, daß wir normalerweise nicht über mehr Energie verfügen.

Unser innigster Wunsch ist es, daß jeder Leser, der mit diesem Buch zu arbeiten beginnt, die Gnade erhält, viel Energie zum Guten zu verwenden. Grundvoraussetzung dafür ist aber die Gedankenkontrolle.

"Selig, die ein reines Herz haben, denn sie werden Gott schauen." (Mt 5,8)

Lebendig gestaltete Meditationsecke

Gedankenkontrolle

Mit diesem Begriff fassen wir zwei verschiedene Dinge zusammen:

Zum ersten ist damit die Fähigkeit gemeint, seine Gedanken auf einen Punkt zu konzentrieren, ohne ständig von anderen Gedanken gestört zu werden. Darüber werden wir in der Meditationstechnik Näheres erfahren.

Zum zweiten ist damit die Fähigkeit gemeint, keine negativen Gedanken entstehen zu lassen, nur noch gute Gedanken zu denken und entstehende unreine Gedanken sofort durch reine zu ersetzen. Das ist die größte Hürde am Beginn des geistigen Weges. Wir müssen die Gedankenkontrolle unbedingt sehr ernst nehmen. Ohne sie ist eine wirkungsvolle Meditation nicht denkbar.

Für alle, die bereit sind, diesen Weg zu gehen: Wir dürfen nicht verzweifeln, wenn es schwer erscheint. Die Arbeit an uns wird uns ein Leben lang begleiten. Wir sind als Menschen neben der eigenen Schwäche so vielen fremden Einflüssen ausgesetzt, daß sich niemand rühmen kann, perfekt zu sein. Auch die großen Heiligen waren nicht perfekt, auch sie sind gestrauchelt. Nur haben sie sich immer wieder hochgerappelt. Was von uns verlangt wird, das ist, daß wir ständig üben, ständig an uns arbeiten, aber daß jeder Mißerfolg für uns lediglich Anlaß ist, es morgen besser zu machen. Denn genauso liebevoll, wie wir mit anderen umgehen sollen, so sollen wir auch mit uns selbst umgehen. Genauso wie wir anderen keine Vorwürfe machen sollen, so sollen wir auch uns selber keine Vorwürfe machen! Wir sollen uns nie über uns ärgern, nie an uns herumnörgeln, nie uns selbst kritisieren. Das alles kann uns nur krank machen und weitere Fortschritte behindern! Wir sollen zwar jeden Fehlschlag, jeden Mißerfolg registrieren, aber nur, um dafür umso entschlossener an uns zu arbeiten. Und wenn wir tausendmal denselben Fehler machen, Verzweifeln und Vorwürfe bringen nichts ein, nur der Versuch, es beim tausendundersten Mal besser zu machen. Straucheln dürfen wir auf unserem Weg zu Gott, auch hinfallen, nur liegenbleiben, das dürfen wir nicht!

Als erstes müssen wir nun die Steine auf diesem Weg beiseite räumen. Die Steine, das sind die negativen Gedanken! Wir müssen Herr werden über unsere Gedanken. Und nicht immer sind es ja unsere eigenen Gedanken. Oft sind es fremde Gedanken, die sich in unser Gehirn eingeschlichen haben. Das dürfen wir nicht zulassen! Wir müssen unsere Gedanken kontrollieren: Sind sie gut? Sind sie notwendig? Ist es wirklich nötig, daß ich diesen Mann innerlich auslache, weil er so unbeholfen ist? Daß ich diese Frau verächtlich anschaue, weil sie so dick ist? Daß ich den Autofahrer einen Idioten heiße, der mir die Vorfahrt genommen hat? Ist es wirklich nötig, daß ich meinen Bruder ständig in Gedanken schlecht mache, nur weil ich ihn vielleicht in Wirklichkeit um etwas beneide? Ist es wirklich nötig, daß ich bei meiner Schwester ständig nach Fehlern suche, nur damit ich besser dastehe?

Diese Gedankenkontrolle muß uns den ganzen Tag begleiten. Sie darf sich nicht auf die Meditation beschränken. Wir dürfen nicht zulassen, daß unsere unreinen und unnötigen Gedankenschwingungen ein negatives Feld um uns herum aufbauen, das es uns unmöglich macht, fröhlich zu sein, liebevoll, glücklich und gesund.

Doch was machen wir, wenn sich ein Gedanke immer wieder aufdrängt, wenn er sich absolut nicht wegschicken lassen will? Wir ersetzen ihn einfach durch einen guten Gedanken: Der unbeholfene Mann hat bestimmt auch nette Wesenszüge, über die man sich freuen kann. Und die Frau ist vielleicht sehr lieb zu ihren Kindern. Wer weiß, vielleicht hat mich der Autofahrer nur übersehen. Und wenn er wirklich so rücksichtslos ist, auch dann steht es uns nicht zu, ihn zu verurteilen. Niemand sieht in den anderen hinein. Niemand weiß, warum der andere gerade so ist. Vielleicht wäre er selber lieber anders!

Wir sollten uns angewöhnen, nie die Fehler der anderen zu sehen, sie gehen uns nichts an. Nur unsere eigenen Fehler, für die sind wir verantwortlich. Wir sollten uns auch angewöhnen, bei unseren Mitmenschen immer zuerst das Gute zu suchen, allen zuerst eine gute Absicht zu unterstellen. Viele Mißverständnisse könnten dadurch vermieden werden. Mißtrauen ist immer eine negative Schwingung, die auch prompt wieder negative Schwingungen hervorruft, auch am Telefon, auch in Briefen, auch über Hunderte von Kilometern.

"Richtet nicht, dann werdet auch ihr nicht gerichtet werden. Verurteilt nicht, dann werdet auch ihr nicht verurteilt werden. Erlaßt einander die Schuld, dann wird auch euch die Schuld erlassen werden" (Lk 6,37). Können wir es uns leisten zu richten? Sind wir selber wirklich ohne Schuld?

"Wer von euch ohne Sünde ist, werfe als erster einen Stein auf sie" (Joh 8,7). Neben der Meditation sollten wir daher jeden Abend wenigstens fünf Minuten der "Seelenforschung" widmen: Wie waren meine Gedanken heute? Habe ich jemanden verletzt damit? Habe ich verurteilt, abgewertet, verhöhnt? Wo habe ich falsch reagiert? Wie kann ich es besser machen?

Am Anfang sollten wir eine Art Generalbeichte ablegen. Wir überlegen uns genauestens alle unsere Fehler. Dabei müssen wir hier einmal sehr kritisch sein gegen uns selber (kritisch sein heißt aber nicht: verurteilen!). Dafür können wir uns ruhig einige Tage Zeit nehmen. Am besten schreiben wir alle unsere Fehler und schlechten Wesenszüge auf und teilen sie in drei Kategorien ein:

Grobe Fehler, kleinere Fehler und Fehler, die nur selten auftreten.

Wenn uns später noch etwas einfällt, können wir es auch dann noch hinzufügen. Diese Liste verstecken wir gut! Sie geht nur uns selbst etwas an. Wir werden diese Liste bald brauchen, denn ausmerzen lassen sich diese Fehler dann mit Hilfe der Meditation (siehe Kapitel "Seelenspiegel").

Wir haben diesem Kapitel die sechste Seligpreisung Jesu aus der Bergpredigt vorangestellt: *"Selig, die ein reines Herz haben, denn sie werden Gott schauen."* Diese Worte enthalten alles! Mehr brauchen wir nicht! Sie weisen den direkten Weg zum Vater. Mit *Herz* meint Jesus unser eigentliches Selbst, unsere Geistseele, wie wir auch den Ausdruck *Herz* oft gebrauchen: ein gutes Herz, ein warmes Herz, ein Herz aus Stein, ein verhärtetes Herz. Rein kann unsere Schwingung nur dann sein, wenn wir die reine Schwingung Gottes, die Er uns als Energie zur Verfügung stellt, nicht durch unsere Gedanken verunreinigen. Wenn wir sie rein bewahren und selbst zu dieser Schwingung werden, dann befinden wir uns auf einer Wellenlänge mit Gott, und das ist in der geistigen Welt die einzige Möglichkeit der Kontaktaufnahme, des "Schauens". Nur den Bereich, den unsere eigene Schwingung umfaßt, können wir auch "schauen". Je reiner sie ist, desto höher reichen wir hinauf. Das "einzige", was uns zu tun bleibt, ist, unsere Gedanken unter Kontrolle zu bringen, bis am Ende unseres Weges kein negativer Gedanke mehr übrigbleibt, der unser Herz verunreinigt und wir uns in die Schar derer einreihen, die mit einem *"reinen Herzen Gott schauen"* dürfen. In den Himmel kann man nicht aufgenommen werden. Der Himmel muß in uns selbst entstehen! Oder mit den Worten des Mystikers Angelus Silesius: *"Und wäre Christus tausendmal in Bethlehem geboren und nicht in dir, du wärest doch für ewiglich verloren."* Wenn wir alle selbstsüchtigen Gedanken aufgegeben haben, wenn wir keine negativen Gedanken mehr entstehen lassen, wenn wir nur noch Gedanken der Liebe haben, dann ist die Schwingung unserer Geistseele so rein, so hoch, daß sie in den göttlichen Bereich hineinragt, den wir als Himmel bezeichnen.

Mancher wird jetzt meinen, das sei unmöglich oder doch zumindest sehr schwierig: "Das schaffe ich nie!" Sicher, es ist schwierig, aber ist es nicht auch schwierig, einen Beruf zu erlernen, eine fremde Sprache? Ist es nicht auch schwierig, als Sportler erfolgreich zu sein, ein Instrument gut zu spielen, oder auch "nur" seine alltäglichen Probleme zu bewältigen? Wir fangen nirgends perfekt an. Um dies alles zu erlernen, nehmen wir oft jahrelange Mühen auf uns, Tag für Tag, stundenlang, und haben trotzdem immer das große Ziel vor Augen, das uns wieder Mut macht, uns aufrichtet, wenn wir verzagen, wenn wir ungeduldig werden. Geduld und Wille müssen auch unseren geistigen Weg begleiten. Wir müssen alle klein anfangen. Niemandem wird etwas geschenkt, und das große Ziel darf uns nicht abschrekken, es sollte uns vielmehr als Ansporn dienen, beständig weiterzugehen. Wenn wir auch nur einen kleinen Teil der Zeit, die wir täglich für Körperpflege, Fitneß, Fernsehen, Unterhaltung, Spiel oder Sport aufwenden, unserer geistigen Entwicklung widmen, werden wir rasch vorwärts kommen. Das Training hierfür, das ist die Meditation.

"Ich bin der Weg und die Wahrheit und das Leben; niemand kommt zum Vater außer durch Mich."

(Joh 14,16)

Meditation, was ist das eigentlich? Wir können es so übersetzen:

Sich zur Mitte hin schweigen.

Die Mitte allen Seins, das ist Gott. Nicht Selbstverwirklichung ist unser Ziel, nicht Erleuchtung das höchste Glück. Der Christ braucht keine spiritistischen und magischen Um- und Abwege zu beschreiten: *"Ich bin der Weg und die Wahrheit und das Leben; niemand kommt zum Vater außer durch Mich."* Nicht ein einziges Mal spricht Jesus die Notwendigkeit zur Selbsterkenntnis an. *"Liebet einander wie Ich euch geliebt habe!"* (*Joh 13,34*), das ist Sein Gebot. Das Ziel echten christlichen Glaubens ist die Liebe, das höchste Glück ist die Gnade, jedem diese Liebe schenken zu dürfen. Gott läßt sich nur durch die Liebe erfahren, denn Gott ist Liebe. Der Mensch kann sich nicht selbst erkennen. Höchstens kann ihn sein Hochmut blenden, ihm Selbsterkenntnis und Selbstverwirklichung vorgaukeln.

Man kann sich in der geistigen Welt sehr leicht verlaufen und leicht getäuscht werden, wenn man sich nicht einer festen Hand anvertraut, die einen führt. Der Mensch kann mit Hilfe der Meditation oder der verschiedenen Techniken des Spiritismus sehr wohl aus eigener Kraft in die geistigen Bereiche eindringen. Er ist dann aber weder in der Lage, das Falsche von der Wahrheit zu unterscheiden, noch kann er beurteilen, wie groß das Stück ist, das er gesehen hat. Es ist, wie wenn jemand durch ein winziges Loch in der Mauer eine große Schloßanlage mit einem weitläufigen Schloßpark betrachtet. Zufällig steht vor dem Loch ein großer Bienenstand. Nachher erzählt er seinen Freunden, er habe das Schloß gesehen, es sehe aus wie ein Bienenstand. Der Nächste sieht das Pförtnerhäuschen, ein Dritter vielleicht die Fischerhütte, und alle halten das, was sie gesehen haben, für das Schloß. So heißt dann jeder den anderen einen Lügner, aber die Wahrheit kennt keiner! Das Schloß hat keiner gesehen.

Daher soll uns die christliche Meditation nicht helfen, ein Loch in die Mauer zu bohren und einen verstohlenen Blick zu wagen. Sie soll uns vielmehr den Weg zum Schloßherrn weisen. Er und die von Ihm bestellten Verwalter werden uns dann führen, sie kennen das Schloß und werden uns alles zeigen, was für uns wichtig ist. Das ist die Wahrheit! Und das alles erhalten wir umsonst. Nur eines will Gott dafür: Liebe! Sie ist die Eintrittskarte in Sein Reich! Die einzige! Eine andere Währung kennt Er nicht!

Diese Botschaft ruft Er uns ständig zu, in jedem Augenblick! Doch unsere Geschäftigkeit und die oft so chaotische Gedankenwelt unseres Geistes übertönt Seine Stimme. Schweigend nur können wir Ihm näher kommen, Ihn hören, Seine Liebe fühlen. Schweigend nur sind wir in der Lage, in Seine Kraftwellen einzutauchen, Energie aufzunehmen, die wir so dringend brauchen, um Seine Botschaft in die Tat umzusetzen, um uns und unsere Umgebung zu verwandeln, Liebe und Frieden zu verbreiten. Gebet und Meditation sind die Schlüssel dazu.

Christliche Meditation will uns den Weg zu unserer Mitte öffnen, den Weg zu Jesus Christus. Wenn wir uns ein bißchen Demut bewahrt haben, wenn wir in der Lage sind, die unzähligen und unbeschreiblichen Wunder der Schöpfung zu erkennen, dann wissen wir auch, daß wir nicht selbst unsere Mitte sind, daß nicht wir der Mittelpunkt sind, sondern daß es einen Schöpfer gibt, Der unser Ursprung ist, unser Ziel und unser Mittelpunkt zugleich.

Für ein kleines Kind bedeutet die Mutter alles, ein kleines Küken geht keinen Schritt von der Glucke weg, und das Känguruhjunge bindet sich im Bauchbeutel noch fester an die Mutter. Dabei ist das Band, das uns mit Gott verbindet, ja noch viel stärker. So ist es die selbstverständlichste Sache der Welt, wenn wir unser Denken und Tun, unser Leben, unser ganzes Sein auf unseren Vater ausrichten, wenn wir, wie das Küken der Glucke, bedingungslos Dem folgen, Der uns erschaffen und erlöst hat und Dessen Namen wir tragen! Und das ist Meditation in der Vollendung! Meditation darf nie Selbstzweck sein. Sie darf nie dazu dienen, unsere Selbstsucht zu befriedigen ("was bin ich doch für ein toller Kerl, daß ich auch noch meditieren kann!"). Und Meditation darf nie dazu dienen, selbstherrlich, aus eigener Kraft, heimlich durch die Hintertür einen neugierigen Blick in die geistige Welt zu werfen. Neugierde und Überheblichkeit werden über kurz oder lang Schiffbruch erleiden.

"Wer seine Seele zu finden meint, wird sie ohn' Mich verlieren."

Angelus Silesius, hat im "cherubinischen Wandersmann Gottes" diesen Gedanken zu einem sehr schönen Lied geformt. Wenn Meditation eine Hilfe sein soll auf dem geistigen Weg, dann darf sie nur als Hilfsmittel verstanden werden, das es uns ermöglicht, die Hand Jesu Christi zu ergreifen und uns in Demut und Liebe führen zu lassen. Wohin Er uns führt, das sollten wir ganz Ihm überlassen. Er wird jeden andere Wege führen. Jedem, der sich Ihm anvertraut und Ihm nachfolgt, hat Er die Erleuchtung versprochen, als himmlische Schau. Aber eben nicht unbedingt auf der Erde! Hier müssen wir uns zunächst einmal bewähren:

"Wer Mein Jünger sein will, der verleugne sich selbst, nehme täglich sein Kreuz auf sich und folge Mir nach" (Lk 9,23).

Das Kreuz ist immer eine Last. Die Meditation kann und darf uns diese Last nicht abnehmen, aber sie kann helfen, daß es uns nicht lästig wird. Sie kann uns die Kraft geben, unser Kreuz geduldig zu tragen, und sie kann uns vor allem die vielen selbstgemachten Kreuze abnehmen, die uns unnötig plagen und uns oft so schwer belasten, daß wir nicht mehr in der Lage sind, das Kreuz Jesu Christi auf uns zu nehmen: Alkohol, Tablettensucht und Auschweifungen, Machtgier, Egoismus, Haß, Streit, Krieg, aber auch Hobbys, "Freizeitstreß" und Angeberei. All diese selbstgemachten Kreuze lassen sich in der Meditation überwinden. Meditation nennen wir den Zustand, der uns zu unserer Mitte hinführt. Sinne, Worte Wünsche, selbstsüchtige und negative Gedanken schweigen dabei. Gedanken der Liebe tragen uns zu Christus - direkt durch die Stille der Meditation und indirekt dadurch, daß sie uns unsere selbstgebauten Kreuze abnehmen, die den Weg zu Ihm versperren.

II. Meditationstechnik:

Rhythmus des Ortes

Ein wichtiger Punkt beim Meditieren ist Rhythmus in jeder Form! Betrachten wir den Kosmos im Großen wie die Erde im Kleinen. Die Sterne und die Sonne haben ihren festen Rhythmus, woraus auf unserem Planeten die Jahres- und Tageszeiten resultieren. Pflanzen und Tiere haben ihren festen Rhythmus von Zeiten der Aktivität bis Winterschlaf. Alles in der Natur ist in eine rhythmische Schwingung eingebunden. Wie sollte da der Mensch sich über jeglichen Rhythmus erheben können, ohne es durch innere Unruhe, Unzufriedenheit und Krankheit büßen zu müssen?

Generell läßt es sich überall meditieren. Einen hochentwickelten Yogi wird auch eine stark befahrene Kreuzung zur Hauptverkehrszeit nicht stören. Doch für uns "Normalverbraucher" ist es wichtig, daß es ein ruhiger Platz ist, an dem uns für die Zeit der Meditation niemand stört. Je natürlicher die Umgebung ist, desto besser. Ideal wäre es im Freien, vor allem im Wald! Hier ist das Energiefeld am unberührtesten. Doch werden nur wenige diese Möglichkeit haben. Wer einen eigenen Garten hat, kann sich eventuell eine kleine Ecke einrichten, die von außen uneinsehbar ist, wo es sich in den frühen Morgenstunden hervorragend meditieren läßt.

Technik sollten wir möglichst vermeiden in unserer Nähe. Gehen Sie bitte so weit wie möglich von der Tiefkühltruhe und dem Kühlschrank weg, und ziehen Sie den Stecker des Fernsehapparates aus der Steckdose (auch im ausgeschalteten Zustand reicht sein Strahlungsfeld noch mehrere Meter weit). Auch Computer, Radiowecker, Stereoanlage, Telefon, Stromkabel usw. sollten sich nicht in unserer unmittelbaren Umgebung befinden, ebenso keine Neonröhren. Durch ihre magnetischen und elektrischen Felder und zum Teil Ionenstrahlungen wird unser Energiefeld beeinträchtigt. In 50 cm Abstand von einem normalen Stromkabel in der Wand ist ein elektrisches Feld von etwa hundert Volt/Meter! Das magnetische Feld eines Computers z.B. ist teilweise mehrere millionenmal stärker als das unserer Nervenzellen. Unsere Mikrowellenherde sind wegen der stark schädigenden Strahlung in Rußland verboten! Wenigstens während der Meditation - und im Schlaf - sollten wir diese Einflüsse so gut es geht meiden. Generell gilt: Je natürlicher, desto besser.

Als Schutz gegen negative Erdstrahlungen ist ein einfacher Schafwollteppich unter unserem Sitzplatz zu empfehlen. Außerdem verbreitet er eine sehr warme und angenehme Atmosphäre. Doch sollten wir kein Tierfell als Unterlage zum Meditieren verwenden: ihm hängen meist negative Schwingungen durch den Akt der Tötung an.

Auch die geistige Ausstrahlung unserer Umgebung im Freien oder im Zimmer ist wichtig. Wenn die äußere Welt in Unordnung ist, fällt es schwer, unsere innere Welt, unsere Gedanken in Ordnung zu bringen. Wir reagieren sehr stark auf äußere Einflüsse, da wir oft die Schwingung unserer Umgebung übernehmen: bestimmte Musik z.B. macht uns aggressiv, die Hetze der Großstadt nervös. Ist dagegen bei einem Fest der Tisch schön gedeckt, mit einer festlichen Tischdecke, mit Kerzen und Blumen, und ist das Essen schön angerichtet, dann hebt sich unsere Stimmung automatisch.

Die Meditation kann uns zwar mit der Zeit lehren, uns von der Schwingung unserer Umgebung abzukoppeln, bei allem unseren inneren Frieden zu bewahren, zunächst ist es aber wichtig, daß unsere Umgebung aufgeräumt ist und eine friedliche Atmosphäre verbreitet. Wem es möglich ist, der richtet sich am besten eine ständige Meditationsecke ein, so wie früher der Hausaltar allgemein üblich war. Diese Ecke steht uns dann auch außerhalb der Meditation zur Verfügung und kann unsere Gedanken lenken. Jeder sollte sich diese Ecke nach seinem eigenen Geschmack und Gefühl einrichten. Kreuz, Bilder, Statuen, Blumen und Kerzen gehören dazu - und ein bißchen Liebe, es schön zu gestalten. Für die Meditation selber halten wir uns einen kleinen Teppich bereit, sowie Kissen, Stuhl oder Hocker. Lassen Sie sich etwas einfallen. Unsere Umgebung soll uns gefallen, sie soll uns Freude machen, sie soll das vorwegnehmen, was wir in der Meditation erreichen wollen: Ruhe, Frieden, Andacht.

"Selig sind, die nicht sehen und doch glauben." (Joh 20,29)

Rhythmus der Zeit

Jeder teile es sich so ein, wie es am besten in seinen Tagesablauf paßt. Wir können mit einer halben Stunde täglich beginnen. Möglich wäre auch direkt nach dem Aufstehen und abends vor dem Schlafen jeweils 15 Minuten. Dies läßt sich im Laufe der Zeit beliebig nach oben ausdehnen, je nachdem, wie intensiv wir meditieren wollen und wieviel Zeit wir uns dafür genehmigen. "Rekordhalter" in der "Disziplin" Meditation - wenn auch nicht in der christlichen Meditation - dürfte wohl der erste chinesische Patriarch des Zen-Buddhismus, Boddidharma sein, von dem berichtet wird, daß er neun Jahre in Zazen (Zen-Meditation) verharrte.

Grundsätzlich eignen sich die frühen Morgenstunden am besten, wenn möglich sogar zur Zeit des Sonnenaufgangs. Dies ist die ruhigste Zeit des Tages, nicht nur was den hörbaren Lärm anbelangt. Auch der "geistige" Lärm ist um diese Zeit ziemlich abgeebbt. Die meisten Leute schlafen noch (oder schon), und damit stürmen nicht so viele Gedankenschwingungen auf uns ein. Wir müssen uns mit diesen Dingen vertraut machen, auch wenn sie uns anfänglich noch reichlich fremd vorkommen. Wir sind in unsere geistige Umgebung eingebettet, und es nützt nichts, wenn wir die Augen davor verschließen und "blinde Kuh" spielen. Wir müssen vielmehr lernen, die Hindernisse zu sehen und sie zu umgehen. Wer sich jedoch für diese frühe Zeit nicht erwärmen kann, der suche sich eine Zeit, die ihm bequem ist.

Es ist auch von Vorteil, täglich zu meditieren. Lieber jeden Tag eine halbe Stunde als zweimal pro Woche zwei Stunden. Am besten reservieren wir uns dafür bestimmte Zeiten, an die wir uns stur halten. Der Mensch ist ein "Gewohnheitstier". Wenn wir es uns angewöhnen, uns an die Zeiten zu halten, dann klappt es auch. Wenn wir aber ständig Ausnahmen machen, dann ist die Gefahr groß, daß sich trotz guter Vorsätze alles im Sande verläuft. Wir dürfen unserer Trägheit und Bequemlichkeit auch nicht die geringste Chance lassen. Wir müssen unsere Schwächen akzeptieren, müssen dann aber auch nach Mitteln suchen, sie zu überwinden. In der Natur geschieht alles nach dem Prinzip des Rhythmus. Auf den Tag folgt die Nacht und wieder ein Tag, auf den Winter der Sommer und wieder der Winter. Alles hat seinen Platz, seine Zeit, seine Ordnung und seine Regelmäßigkeit, und man kann es vorher abschätzen. Diesen Rhythmus müssen wir auch in die Meditation einbringen. Eine Meditation mit einem Rhythmus der Zeit, des Ortes und der Art wird viel mehr Erfolg bringen als ein unregelmäßiges Üben.

Wir sind keine "Einzelschöpfungen". Wir sind in die Schöpfung eingebunden und eingewoben und "ecken" am wenigsten an, wenn wir uns in sie einfügen. Jedes Anecken aber bringt einen Mißklang in unsere Schwingung. Alles ist Schwingung, alles ist Rhythmus, wenn wir klug sind, halten auch wir uns daran.

"Das (geistige) Auge gibt dem Körper Licht. Wenn dein Auge gesund ist, dann wird dein ganzer Körper hell sein. Wenn aber dein Auge krank ist, dann wird dein ganzer Körper finster sein." (Mt 6,22 f)

Rhythmus der Meditationshaltung

Der Osten meditiert nahezu ausschließlich im Lotossitz. Für jemanden, der nicht von klein auf daran gewöhnt ist, ist dieser Sitz jedoch praktisch nicht mehr erlernbar. Ähnlich gut sind aber auch die "gemilderten" Lotossitzpositionen bis hin zu unserem "Schneidersitz" (siehe Abb.). Diesen Sitz beherrschen auch viele Westeuropäer, zumindest sind viele in der Lage, ihn zu erlernen. Am bequemsten ist es, wenn man sich an eine Wand anlehnt, eine weiche Unterlage nimmt und sich auf ein oder auch mehrere Kissen setzt (Wolle oder Baumwolle, keine Kunstfasern!). Wem die Beine weh tun, der nehme anfangs zwei oder drei Kissen, dann geht's besser. Falscher Ehrgeiz ist hier nicht angebracht! Und wenn es in der ersten Zeit nur fünf Minuten klappt, denken Sie daran: Übung macht den Meister.

Das Wichtigste ist: Der Rücken muß gerade sein (wenn man an der Wand anlehnt, ist er's automatisch), Hände locker auf die Beine legen, Handflächen nach oben(!). Wer diesen "Yoga-Sitz" beherrscht, kann hiermit stundenlang sitzen, und das ohne jegliche Hilfsmittel. Wenn es während der Meditation unbequem wird, weil die Beine anfangen zu schmerzen, kann man einfach die Beine ausstrecken und für den Rest der Meditation so sitzen bleiben, ohne die Meditation zu unterbrechen. Wer sich mit diesem Sitz nicht anfreunden kann, hat noch zwei weitere Möglichkeiten: Zunächst in einer knienden Stellung, wobei das Gesäß nicht auf den Fersen, sondern auf einem Meditationsbänkchen ruht (Bänkchen beim Verlag erhältlich). Dabei muß der Rükken wieder gerade gehalten werden.

Zum zweiten kann man auch auf einem Stuhl sitzen, wobei die Oberschenkel waagrecht sein sollten. Ist der Stuhl zu hoch, dann eventuell ein oder mehrere Bücher unter die Füße legen. Am geeignetsten ist hierfür ein Stuhl mit einer geraden, ungepolsterten Sitzfläche und einer geraden(!) Lehne. Besser ist es, sich nicht anzulehnen, sondern frei gerade zu sitzen, vor allem dann, wenn die Stuhllehne schräg oder gewölbt ist. Wir müssen lernen, in uns selber zu ruhen, müssen unser körperliches und geistiges Anlehnungsbedürfnis überwinden. Mit etwas Übung geht dies recht gut. Beim Yogasitz kann es jedoch Jahre dauern, bis wir, ohne uns anzulehnen, frei sitzen können. Hier tut eine Unterstützung im unteren Rückenbereich durch ein Kissen gut, während der Oberkörper frei aufrecht gehalten wird.

Vor allem bei der Kurzmeditation kann man auch im Stehen meditieren. Dabei ganz aufrecht stehen, Füße mit geringem Abstand nebeneinander stellen, Arme entweder leicht vom Körper wegstrecken, wobei die Handflächen nach vorne oben zeigen, oder aber Hände falten. Auch kniend kann man gut meditieren (z.B. in der Kirche). Je niedriger das Kniebänkchen dabei ist, desto besser. Wir müssen aber auch beim Knien unseren Oberkörper ganz gerade halten, also bitte nicht mit den Ellenbogen abstützen und über die Kniebank hängen, sondern Oberkörper aufrecht halten und entweder die gefalteten Hände an der Bank abstützen oder die Hände nebeneinander auflegen, Handflächen nach oben zeigend. So können wir auch in der Kirche in allen 3 Stellungen (Knien, Stehen, Sitzen) optimale Meditationshaltungen einnehmen. Wie die Umgebung, so ist auch die Sitzhaltung wichtig! Die äußere Haltung erzeugt eine bestimmte Schwingung, die die innere Haltung unterstützt - oder unmöglich macht. In einer Ecke zu lümmeln und zu meditieren, das geht nicht! Die Lebensenergie unseres Körpers fließt und verteilt sich entlang der Wirbelsäule. Daher ist ein gerader Rücken unabdingbar für den Energiefluß. Aufrecht und gerade in unserer Mitte ruhend, ohne "haltlos" in uns zusammenzusacken, das soll unsere äußere Haltung vorwegnehmen. Die sogenannte Droschkenkutscherhaltung, wie sie im Autogenen Training gelehrt wird, ist für eine geistige Meditation undenkbar. Genausowenig sollten Sie im Liegen meditieren. Haben Sie jemals ein Foto eines liegenden Yogi gesehen? Bestimmt nicht, denn im Liegen ist der Übergang von der Entspannung in den "bewußtlosen" Schlaf so leicht möglich, daß wir uns alle geistigen Sphären der

Lotossitz

„Gemilderter" Lotossitz

Meditation selbst vorenthalten. Auch wenn wir den Entspannungszustand im Liegen schneller erreichen können, es geht kein Weg daran vorbei: Wir müssen uns umgewöhnen!

Die Handflächen sollten immer nach oben zeigen, und das nicht nur beim Meditieren, sondern auch sonst so oft wie möglich, da wir auch über Handflächen und Fingerspitzen Energie aufnehmen. Es ist auch sehr einleuchtend: Wenn wir jemanden um etwas bitten oder etwas erhalten wollen, halten wir ihm die geöffneten Hände hin, nicht den Handrücken! Und in der Meditation wollen wir ja von Gott etwas erhalten, Seine Kraft, Seine Energie und Seine Liebe. Auch auf einem Waldspaziergang kann man über die Fingerspitzen ganz bewußt viel Energie aufnehmen.

Beim Beten hat sich heute bei den meisten Erwachsenen der Brauch eingebürgert, die Finger zu verschränken, so daß sich die Fingerspitzen von Gott wegbiegen! Das ist eine äußerst ungünstige Handhaltung! Die richtige Handhaltung ist ein Hilfsmittel für die Konzentration. Im Osten werden solche Gesten Mudras genannt. Die Meditationsgeste ist dort das Dhyani-Mudra. Dabei wer-

Lotossitz seitlich

Gebetshaltung

den die Hände leicht ineinandergelegt, Handflächen nach oben, Finger aufeinander. Für unsere Meditation können wir die Handflächen ineinander oder nebeneinander in den Schoß legen, oder auf die Oberschenkel.

Wir müssen die äußeren Haltungen ernst nehmen! Sie erzeugen eine bestimmte Schwingung, die unsere innere Haltung beeinflußt. Der Osten hat die Lehre dieser Mudras zu einer regelrechten Wissenschaft entwickelt, man weiß dort wohl um ihre große Bedeutung. Auch enden die meisten Energiebahnen in den Fingerspitzen! Eine falsche Handhaltung, z.B. die verschränkten Finger, stört unser ganzes Energiesystem, und die Fingerspitzen, die unserem Beten, unserer Konzentration den Weg weisen sollen, zeigen von Gott weg! Verschränkte Finger sind denkbar schlecht! Kinder lehrt man noch, mit aneinandergelegten, aufwärts gerichteten Händen zu beten. Doch baldmöglichst wird dies abgelegt. Es scheint geradezu ein Zeichen für das Erwachsenwerden zu sein, wenn man die Finger verschränkt! Wollen wir nicht versuchen, zu sein *"wie die Kinder"*? Ebenso schlecht ist es, die Arme vor dem Körper zu verschränken. Damit zeigen wir, daß wir uns verschließen, daß wir nicht offen sind für den anderen.

In der Regel ist es besser, die Augen zu schließen, um nicht durch optische Eindrücke abgelenkt zu werden. Wer jedoch während der Meditation mit dem Einschlafen kämpfen muß, kann die Augen auch auflassen.

Die Kleidung sollte aus natürlichen Stoffen bestehen (Baumwolle, Wolle, Leinen, eventuell auch Viskose), sie sollte leicht sein, luftdurchlässig und nirgends einengen. Um sich vor Auskühlung zu schützen, ist es günstig, sich in eine Decke einzuhüllen, im Sommer vielleicht eine leichte Baumwolldecke, im Winter eine warme Wolldecke oder auch zwei, je nachdem, wie kalt es ist. Keine festen Schuhe tragen, entweder nur Strümpfe (Baumwolle!) oder weiche Hüttenschuhe! Schmuck und Uhren bitte ablegen, ebenso alle beengenden Kleidungsstücke.

Hauptsächlich sind hiervon Frauen betroffen: BH, Strumpfhose, enge Höschen, vor allem, wenn sie wie üblich auch noch aus Kunstfasern bestehen. Kunstfasern üben wie die meisten Kunststoffe einen schlechten Einfluß auf uns aus. Neben anderem stören sie über ihr elektrisches Verhalten unser Energiesystem. Dabei werden die Energieleitbahnen (die bekanntesten sind die Akupunkturbahnen) blockiert und der Energiefluß eingeschränkt. Dies gilt in verstärktem Maße, wenn diese Kleidungsstücke auch noch sehr eng sind.

Auch Schmuck wirkt oft in derselben Weise, vor allem, wenn wie bei Armreifen und Fingerringen der Körper eng und vollständig umfaßt wird. Bei Uhren kommt zusätzlich noch die Schwingung des Quarzes hinzu, die eine ständige Unruhe verursacht. So sollte wenigstens das Armband nicht aus Metall bestehen. Auch unedle Metalle und Edelsteine stören öfter, als sie nützen.

Keiner betet selber,
keiner meditiert selber.
Wie leuchtende Schatten
begleiten uns stets
unsere Engel.

"Ich und der Vater sind eins. Niemand kennt den Vater, nur der Sohn und der, dem es der Sohn offenbaren will."

(Joh 10,30; Mt 11,27)

Atmung ist Rhythmus

Die Atmung ist der Schlüssel zur Meditation, und dabei ist es unbedingt notwendig, die Anweisungen nicht nur zu befolgen, sondern die Zusammenhänge wirklich zu verstehen. Da wir hierzu etwas weiter ausholen müssen, wollen wir zur besseren Übersicht die Atmung in mehrere Abschnitte einteilen:

Grundlagen der Atmung

Atmung als Kreis

Atmung auf der stofflichen Ebene

Atmung auf der psychischen Ebene

Atmung auf der geistigen Ebene:

1. Energie

2. Entspannung

Grundlagen der Atmung

Haben Sie schon einmal Ihren Atem beobachtet? Vielleicht als Sie einmal "außer Atem" waren. Sonst braucht man sich ja nicht darum zu kümmern, die Atmung funktioniert automatisch! Ja, erstickt ist deshalb noch niemand, aber das ist auch schon alles. Unsere übliche Atmung reicht gerade zum Überleben. Dabei ist die Atmung unser wichtigster Energielieferant! Im Prinzip ist es genau derselbe Vorgang wie bei jedem Motor. Damit er läuft, braucht er Benzin und Sauerstoff (Luft). Diese beiden reagieren miteinander, und bei der Verbrennung entsteht Energie, die den Motor antreibt. Unser Benzin, das ist die Nahrung, die von unserem Verdauungssystem in kleine Bruchstücke zerlegt wird. Diese werden mit dem Blut zu den Zellen transportiert und zusammen mit Sauerstoff in Energie umgewandelt. Man nennt diesen Vorgang genau wie beim Motor: Verbrennung. Den Sauerstoff liefert uns die Atmung. Und wie beim Motor, so entstehen auch bei uns Abgase (vor allem Kohlendioxyd), die über die Atmung wieder ausgeschieden werden müssen. Wenn man beim Motor die Luftzufuhr drosselt, dann läuft er langsamer und fängt mit der Zeit an zu stottern. Dasselbe passiert, wenn man den Auspuff zuhält, so daß die Abgase nicht mehr richtig entweichen können. Und genau dasselbe passiert bei uns auch! Die meisten Menschen atmen nur sehr flach. Dabei ist nur ein kleiner Teil der Lungen aktiv, sie nehmen nur soviel Sauerstoff auf, daß ihr "Motor" gerade noch läuft. Und die Ausscheidung des Abgases Kohlendioxyd erfolgt so langsam, daß unser Blutsystem davon ständig überfüllt ist. Dabei könnten unsere Lungen weit aktiver sein! Gerade 350 ccm beträgt im Durchschnitt das Volumen eines Atemzuges, während wir bei bewußter und tiefer Atmung die zehnfache Menge aufnehmen können. Spitzensportler verdoppeln diesen Wert nochmals auf etwa 7 bis 8 Liter pro Atemzug. Doch das ist nur die eine, die allgemein bekannte Seite der Atmung.

Für den zweiten Aspekt der Atmung müssen wir wieder eine Anleihe im

Osten machen. Dort heißt der Atem *Prana*. Die ursprüngliche Bedeutung dieses Sanskritwortes ist: *Absolute kosmische Lebenskraft*. Der Raum um uns herum, der *Äther*, ist erfüllt von den Energieschwingungen Gottes. Wir haben mehrere "Antennen" dafür, eine der wirksamsten ist die Atmung. Durch richtiges und bewußtes Atmen kann diese Energie in den Körper aufgenommen werden, und zwar Energie in ihrer reinsten, konzentriertesten Form, ohne Verluste wie bei der Nahrung, wo ein Drittel der aufgenommenen Energie gleich wieder für die Verdauung verbraucht wird.

Diese Energie fließt ohne Umwege direkt in unser Energiesystem ein. Wir alle kennen diesen Vorgang. Wenn wir müde oder abgespannt sind, gehen wir kurz an die frische Luft, nehmen ein paar tiefe Atemzüge und fühlen uns sofort wieder besser. Müde, abgespannt, das sind nur andere Ausdrücke für energielos, und mit einigen tiefen Atemzügen können wir unser Energiedefizit wieder ausgleichen. Es ist gar nicht so schwer, sich diese Energie ständig nutzbar zu machen. Im Osten gibt es manche, die die Kunst des Atmens so entwickelt haben, daß sie ausschließlich von dieser Energie leben können, ohne jede Nahrung! Auch im Christentum gibt es viele Heilige, die ohne jede Nahrung nur von der Energie Gottes leben, die sie in der Hostie und in der Atmung aufnehmen. Ein Beispiel hierfür in unserem Raum ist Therese von Konnersreuth, die jahrelang ohne jede

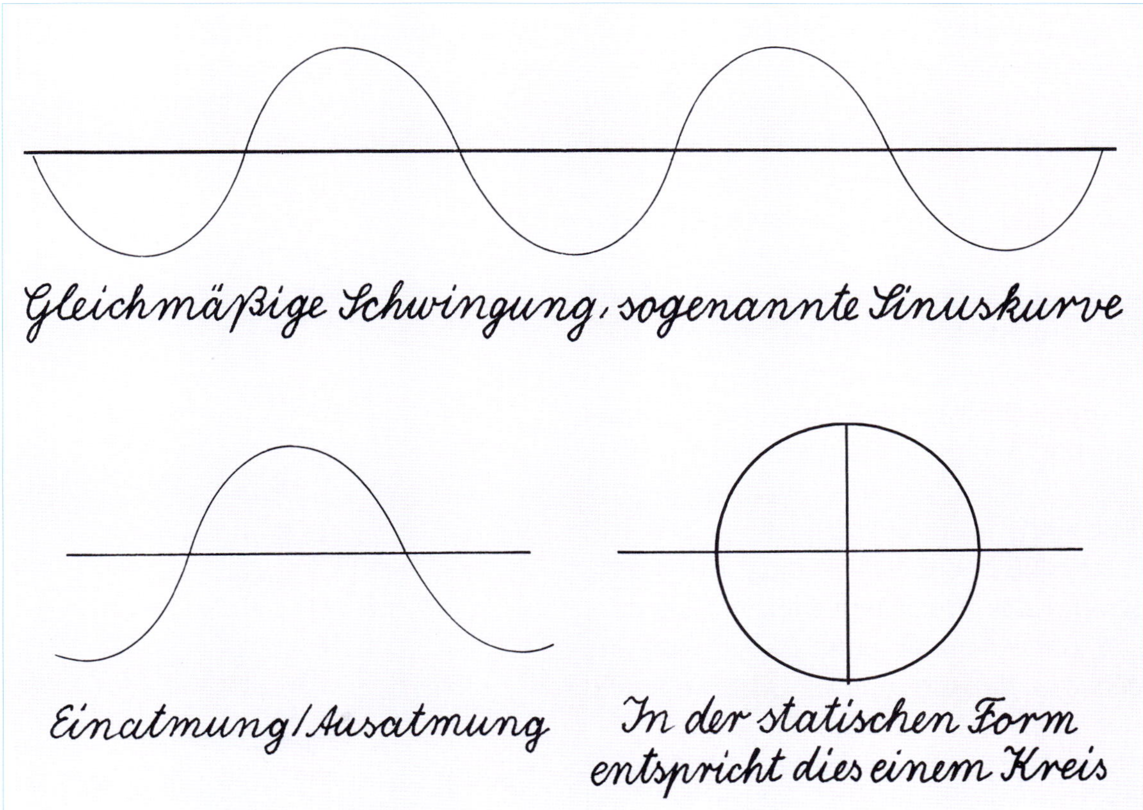

physische Nahrung lebte. Ebenso der Heilige Klaus von der Flühe, der unter strengster Soldatenbewachung Tag und Nacht keinen Bissen Nahrung zu sich nahm und nur aus geistiger Energie seinen Körper erhalten konnte.

Das Wichtigste ist, daß keine(!) Pausen zwischen Ein- und Ausatmung gemacht werden! Der Atem muß völlig frei fließen können, ohne daß der Energiefluß auch nur die geringste Unterbrechung erfährt. Es handelt sich bei dieser Energie ja wieder um eine völlig gleichmäßige Schwingung, ein völlig gleichmäßiges Auf und Ab, ohne Unterbrechung, ohne je anzuhalten. Je besser wir uns dieser Schwingung anpassen, desto vollständiger können wir sie aufnehmen.

Schallwellen lassen sich sehr gut durch ein Rohr leiten. Sie lassen sich dadurch sogar verstärken bzw. konzentrieren, wenn ihnen die Form gut angepaßt ist. Vielleicht kennen Sie noch das Hörrohr aus alten Abbildungen. Wenn es aber nicht gleichmäßig geschwungen ist, sondern aus lauter Absätzen besteht, wird sich die Schwingung daran brechen und totlaufen wie Wellen am Strand. Ebenso sollte auch unsere Atmung den Energieschwingungen angepaßt sein, gleichmäßig, ruhig und harmonisch.

Der Kreis ist eine solche Form. Er ist Harmonie in der Vollendung. Er ist das Symbol des erwachten Geistes: unendlich, ohne Anfang, ohne Ende, völlig in sich geschlossen und in sich ruhend. Der Kreis ist die Form, die mit der geringsten Energie auskommt. Praktisch alle Energieprozesse des gesamten Universums basieren auf der Kreisform, und unsere Atmung ist ja ein solcher Energieprozeß. Wenn wir lernen, im "Kreis zu atmen", dann können wir diese Energie in weit größerem Umfang nutzen, als wir das üblicherweise tun.

Atmung als Kreis

Wir stellen uns dazu folgendes vor: Unser Atem ist ein Riesenrad und geht immer im Kreis herum ohne jede Unterbrechung und ganz gleichmäßig. Wir beginnen bei der Einatmung am unteren Wendepunkt des Kreises. Während wir einatmen, stellen wir uns vor, wie das Riesenrad hochgeht, bis es am Ende des Einatmungszyklus ganz oben steht. Dann bitte keine Pause machen, auch nicht die kleinste, sondern sofort wieder ausatmen und dabei in Gedanken mit dem Riesenrad nach unten fahren. Am unteren Wendepunkt dann sofort wieder einatmen, ohne jede Pause.

Dabei sollten wir ganz ruhig bleiben und ohne jede Hast atmen. Es kommt nicht darauf an, möglichst langsam zu atmen! Wir dürfen nie das Gefühl haben, keine Luft mehr zu bekommen! Der Rhythmus, der für uns angenehm ist, ist der richtige! Dieser Rhythmus ist bei jedem anders und ändert sich auch je nach Situation. Wir dürfen nicht versuchen, den Rhythmus zu steuern, er pendelt sich von alleine richtig ein, wenn wir nur ganz gleichmäßig atmen. Das ist die natürliche Atmung, und die meisten Kleinkinder atmen so. Aber vielerlei Einflüsse haben es den Großteil der Erwachsenen verlernen lassen.

Genauso wichtig wie die Gleichmäßigkeit ist die Tiefe der Atmung. Bei unserer normalen, oberflächlichen Atmung werden nur die mittleren Teile der Lungen mit Luft gefüllt. Das obere und untere Drittel ist praktisch lahmgelegt und arbeitet überhaupt nicht. Für einen durchschnittlichen Atemzug wird nicht einmal der zehnte Teil der Lungen benötigt! Dadurch nehmen wir aber nur das absolute Minimum an Sauerstoff und Energie auf. Zudem sammelt sich in den unbelüfteten Gebieten oft Flüssigkeit an, es entsteht ein idealer Nährboden für Bakterien. Viele Lungenerkrankungen haben hier ihre Ursache.

Die Tiefatmung gliedert sich in drei Abschnitte: Bauch-, Brust- und Kopfatmung.

Für die Bauchatmung benötigen wir das Zwerchfell. Dies ist eine flache Muskelplatte, die horizontal zwischen den unteren Rippenbögen ausgespannt ist. In Ruhelage ist es stark nach oben gewölbt. Wenn wir nun bewußt in den Bauch atmen, strafft sich das Zwerchfell und zieht die Lungen nach unten. Diese werden dadurch kräftig erweitert, und durch den entstehenden Sog strömt Luft in die Lungen ein. Gleichzeitig wird dadurch der Bauchraum verengt, und da sich die Bauchorgane nicht zusammendrücken lassen, wölbt sich die Bauchdecke nach außen. Am deutlichsten können wir es sehen, wenn wir uns auf den Rücken legen. Bei einer guten Bauchatmung sollte sich die Bauchdekke um mehrere Zentimeter heben. Wer zu den 90 Prozent gehört, bei denen die Bauchatmung völlig vernachlässigt ist, wird anfangs wahrscheinlich Schmerzen verspüren. Das ist jedoch kein Grund zur Aufregung. Dabei handelt es sich um einen ganz normalen Muskelkater!

Folgende Übung kann uns in der ersten Zeit helfen, das Zwerchfell zu trainieren: Wir legen uns auf den Bauch auf eine harte Unterlage, atmen gleichmäßig langsam und tief und versuchen, uns durch die Atmung in den Bauch vom Boden hochzudrücken.

Die Bauchatmung ist sehr wichtig! Sie ist für drei Viertel unseres Atemvolumens verantwortlich! Bei der Brustatmung werden durch die Brustmuskulatur die Rippen nach außen gezogen. Dadurch dehnen sich die Lungen. Diese Atmung sind Sie bisher schon gewohnt. Meist ist sie jedoch zu schwach. Sie sollten Ihren Brustkorb ganz bewußt dehnen. Auch die Schultermuskulatur ist daran beteiligt. Sie zieht die Schultern hoch, dadurch werden die oberen Teile der Lungen mit Luft gefüllt. Dabei ist es jedoch wichtig, daß man die Schultern nicht bewußt hochzieht! Wir atmen nur bewußt in die oberen Teile der Lungen ein, dann heben sich die Schultern "von alleine". Auch im Schulterbereich werden dadurch anfangs wahrscheinlich Schmerzen entstehen. Das gibt sich jedoch bald wieder, sobald die oberen Lungenabschnitte und die dazugehörige Muskulatur das Arbeiten wieder gewohnt sind.

Im letzten Teil der Atmung füllen wir noch den Kopf mit Luft, also Nasen- und Rachenraum, sowie die verschiedenen Nebenräume der Nase: Kieferhöhle, Stirnhöhlen, Siebbeinzellen und Keilbeinhöhle. Die Kieferhöhlen liegen unter den Backenknochen, die Stirnhöhlen beidseits oberhalb der Augenbrauen, Siebbeinzellen und Keilbeinhöhle befinden sich hinter der Nase und reichen bis in die Mitte des Kopfes.

Wir haben versucht, alles so genau wie möglich zu erklären, damit sich jeder den Ablauf möglichst plastisch vorstellen kann. Es mag dadurch zwar momentan etwas kompliziert aussehen, es ist aber in Wirklichkeit sehr einfach. Prägen Sie sich zunächst den Ablauf anhand des Schemas genau ein.

Etwas schwieriger ist es, die Tiefe der Atmung festzulegen. Dazu atmen wir einmal maximal aus und dann maximal wieder ein, soviel wir nur können. Und nun atmen wir ungefähr zwei Drittel davon ein. Das müßte in etwa die richtige Atemtiefe ergeben. Wir sollten dabei fast maximal einatmen, nur nicht mehr ganz ausatmen. Etwa ein Viertel des maximalen Atemvolumens sollte als Rest noch in der Lunge verbleiben. Wir können dazu die Luft bei der Ausatmung nahezu passiv entweichen lassen. Auf keinen Fall die Brust- oder Bauchmuskulatur krampfhaft zusammenziehen und die Luft herauspressen. Auch das Zwerchfell nicht krampfhaft nach oben pressen. Die Ausatmung sollte wieder eine ganz ruhige, harmonische Phase sein, die genau gleich lang dauert wie die Einatmung. Dabei haben wir genügend Zeit, die Luft langsam entweichen zu lassen, wobei wir mit mäßigem Muskeldruck nachhelfen müssen.

Atmung auf der stofflichen Ebene

Schon in ihrem Einfluß auf den Körper leistet diese Atmung Unbezahlbares. Die Sauerstoffversorgung haben wir bereits angesprochen. In der Tiefatmung können wir die zehnfache Menge an Sauerstoff gegenüber der üblichen flachen Atmung aufnehmen. So geht die Verbrennung der Nahrung in den Zellen viel intensiver und ungestörter vor sich. Das ergibt ein bedeutend größeres Energieangebot, Gehirn und Körper sind leistungsfähiger. Es entstehen auch weniger Schlacken, und das Abgas Kohlendioxyd wird beschleunigt abgeatmet. Bei flacher Atmung reichert es sich im Blut an und ist für die heute so oft anzutreffende und so schädliche Übersäuerung des Blutes mitverantwortlich.

Vor allem das Herz profitiert von dem höheren Sauerstoffangebot und damit auch das ganze Kreislaufsystem. Die gesteigerte Durchblutung fördert Abwehr und Widerstandsfähigkeit, alle Körperfunktionen laufen besser und beschleunigt ab. Enorm gesteigert wird durch die tiefe Atmung die Durchblutung der kleinen Kapillargefäße in Haut und Muskulatur. Normalerweise führen nur etwa 5% davon Blut, die anderen liegen brach. In der Tiefatmung lassen sie sich bis zu 100 % aktivieren. Dies bedeutet für die Haut einen wesentlich besseren Schutz vor Unterkühlung (Erkältungskrankheiten) und für die Muskulatur weniger Verspannungen. Außerdem wirken die Kapillaren wie unzählige kleine Pumpen, die damit dem Herz einen beträchtlichen Teil der Arbeit abnehmen können.

Ein weiterer wichtiger Punkt ist die rhythmische Aktivierung des Sonnengeflechts durch die Zwerchfellbewegungen. Dies ist ein kreisförmiger Nervenverband oberhalb des Nabels in der sogenannten Magengrube. Es ist eine Schaltzentrale unseres vegetativen Nervensystems, das alle unbewußten Körperfunktionen steuert: Herz, Kreislauf, Verdauung, Stoffwechsel, Hormonhaushalt usw. Störungen in diesem System liegen dem heute so häufig anzutreffenden Krankheitsbild der vegetativen Dystonie zugrunde.

Einen großen Einfluß übt die rhythmische Tiefatmung auch auf die Verdauung aus. Die Zwerchfellbewegungen übertragen sich auf den Darm, wodurch dieser zu einer verstärkten Tätigkeit angeregt wird. Darmträgheit dürfte damit der Vergangenheit angehören. In Verbindung mit der stärkeren Durchblutung ergibt das eine schnellere und vollständigere Verdauung; dadurch werden die Nährstoffe besser aufgenommen und besser verwertet. Die Verweildauer im Darm ist kürzer, damit entstehen nicht so viele Fäulnisgase und Gifte. Auch die anderen Bauchorgane werden zu verstärkter Tätigkeit angeregt: Leber, Nieren, Milz, Bauchspeicheldrüse.

Atmung auf der psychischen Ebene

Atmung und Psyche beeinflussen sich gegenseitig. Unsere Emotionen verändern ja die Atmung, aber mit etwas Übung können wir auch mit der Atmung unsere Gefühle unter Kontrolle halten. Wenn jemand unruhig wird, beschleunigt sich automatisch seine Atmung. Auch Angst und Zorn sowie alle emotionalen Erregungszustände lassen die Atmung flacher und schneller werden, während stille Freude, Glück und Zufriedenheit die Atmung vertiefen und beruhigen.

Das gilt aber genauso umgekehrt: Der Ruhe einer tiefen und gleichmäßigen Atmung kann sich auch unser Gefühlsleben nicht entziehen. Wenn wir es geschafft haben, diese Atmung zu unserer ständigen, normalen Atmung werden zu lassen, dann sind wir gegen negative Gefühle von vornherein schon recht gut geschützt.

Es ist gar nicht so einfach, mit einer ruhigen Atmung nervös zu werden. Wie man Erregungen begegnen kann, weiß ja schon der Volksmund: Ruhig Blut bewahren und erst einmal tief durchatmen.

Nur bei tiefer Atmung kann unser Körper einen hormonähnlichen Stoff in nennenswertem Umfang bilden (Endorphine), der unter anderem für ein ausgeglichenes Gefühlsleben verantwortlich ist.

Atmung auf geistiger Ebene

1. Energie

Sind schon die aufgezeigten körperlichen Wirkungen der Atmung enorm, so werden sie von den geistigen Aspekten doch noch übertroffen. Denn die Atmung ist es, die uns den Zugang zum Prana, zur absoluten kosmischen Lebenskraft, zur Energie Gottes ermöglicht. Was wir dafür brauchen, ist nur wieder unsere Gedankenkraft (Vorstellungskraft).

Dazu atmen wir weiter im Kreis und stellen uns vor, wie von Gott Licht- und Energiestrahlen ausgehen, die Seine ganze Schöpfung durchdringen. Einer dieser Strahlen trifft auch auf uns. Es ist ein helles, kristallklares Licht, voll unerschöpflicher Energie. Diese Energie nehmen wir nun ganz bewußt in uns auf. Dazu ziehen wir sie bei der Einatmung von oben in unseren Kopf hinein in ein gedachtes Energiereservoir, dessen Mittelpunkt genau auf dem Scheitel liegt, also auf dem höchsten Punkt des Kopfes, in der Mitte. Es ist rund und so groß, wie wir es uns vorstellen! Die obere Hälfte dieses Energiereservoirs ragt also über den Kopf hinaus, die untere Hälfte in den Kopf hinein.

Bei jedem Atemzug füllen wir es nun mit Energie, indem wir diese von Gott ausgehenden Energie- und Lichtstrahlen in dieses Zentrum hineinziehen. Bei der Ausatmung lassen wir diese Energie dann unsere Wirbelsäule hinunterströmen bis zum Steißbein. In der Wirbelsäule liegt unser Hauptenergiesystem. Es handelt sich um sieben miteinander verbundene Energiezentren, die sogenannten Chakras (sprich: Dschakra). Dem Hellsichtigen stellen sie sich als kreisförmige rotierende Lichtwirbel dar. Bei den meisten von uns führen sie ein Schattendasein, ein dumpfes, fahles Licht in Pflaumengröße. Ihre Energie reicht gerade zum Überleben. Werden sie jedoch bewußt aktiviert und geladen, vergrößern sie sich bis zu Wagen-

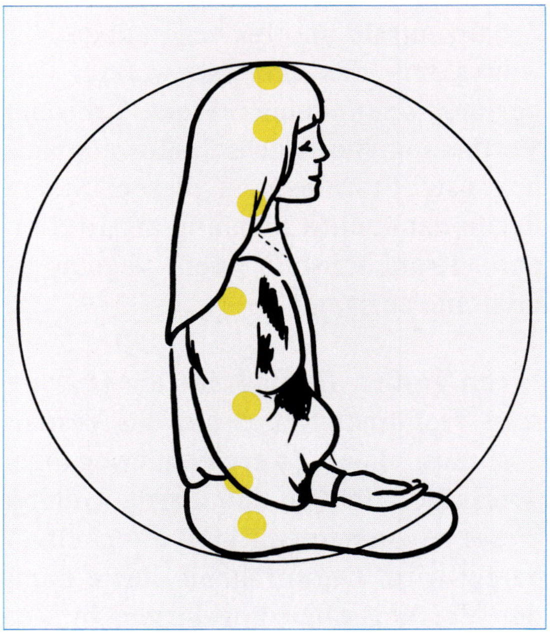

rädern und bestehen dann aus hellem, intensivem Licht. Die Chakras versorgen über mehrere Energiesysteme den ganzen Körper mit Energie, so auch das bekannte Akupunktursystem.

Die sieben wichtigsten Chakras liegen auf der Wirbelsäule, das erste ungefähr am untersten Ende des Steißbeins, das zweite etwa 5 cm darüber, das dritte in der Nabelgegend, das vierte in der Herzgegend, das fünfte auf Kehlkopfhöhe, das sechste in der Mitte des Kopfes und das siebte, das Kronenchakra, auf dem Scheitel. Dies ist das Energiereservoir, von dem wir oben gesprochen haben. Wir müssen diese "Batterien" nun in jeder Meditation ganz bewußt mit Energie aufladen. Beginnen wir mit dem untersten Chakra. Wir ziehen beim Einatmen Energie in das Kronenchakra ein und lassen sie beim Ausatmen die Wirbelsäule hinunterfließen bis in das unterste Chakra. Das machen wir nun sieben Atemzüge lang. Dann kommt das nächst obere Chakra dran usw., bis alle "voll" sind. Wir stellen uns dabei vor, wie das Chakra bei jedem Atemzug größer wird, wie es sich mit Licht und Energie füllt. Wir machen es so groß, so hell, so intensiv wie möglich.

Wer für die geistigen Dinge sensibel ist, wird bald das Einströmen der Energie als Kribbeln spüren und ihren Weg bis zu den Chakras verfolgen können. Viele können nach einiger Zeit auch spüren, daß die Chakras zu vibrieren beginnen, und daß diese Vibration umso stärker ist, je mehr die Chakras aufgeladen werden. Manchmal geht die Vibration dabei auch auf den ganzen Körper über. Das ist ein Zeichen dafür, daß der ganze Körper in dieses Licht eingetaucht ist und von dieser Energieschwingung erfaßt wird. Wir sollten versuchen, diese Vibration nicht zu unterbrechen, sie nicht kaputt zu machen. Der Körper kann sich dabei unheimlich schnell regenerieren. Niemand braucht aber traurig oder mutlos zu sein, wenn er überhaupt nichts spürt. Das heißt nur, daß er (noch) nicht sensibel genug ist, um die Energie spüren zu können. Aber aufnehmen tut diese Energie trotzdem jeder! Es ist wirklich unnötig, ja es wäre sogar falsch und schädlich, sich darüber Gedanken oder gar Vorwürfe zu machen: Auch wenn man nichts spürt, nimmt man die Energie doch auf! Unter Umständen kann es Jahre dauern, bis jemand so sensibel ist, daß er diese geistigen Vorgänge auch spüren kann. Wir brauchen aber auch keine Angst zu haben, wenn diese Ge-

fühle sehr stark werden. Es kann nichts passieren! Wir müssen uns nur zuerst daran gewöhnen.

Mit dieser Energie können wir nun sowohl in der Meditation als auch nachher den ganzen Tag über arbeiten. Es sind Reserven, die uns zuzeiten hohen Energiebedarfs ohne unser weiteres Zutun automatisch zur Verfügung stehen. Und wenn wir merken, daß unsere Energie zur Neige geht, können wir uns jederzeit wieder aufladen (siehe Kurzmeditation).

Wegen seiner Wichtigkeit wollen wir hier noch einmal das eingangs Gesagte rekapitulieren: Es ist unsere Vorstellungskraft, die auf der geistigen Ebene Wirklichkeiten schafft, keine illusionären Einbildungen oder Hirngespinste, sondern echte Tatsachen, die auf der geistigen Ebene genau so wirklich sind wie auf der materiellen Ebene Haus, Stuhl oder Tisch. Nur daß wir "Normalsterbliche" sie nicht sehen können! Aber Strom oder Radioaktivität können wir auch nicht sehen. Gibt es sie deshalb etwa nicht? Und denken Sie daran: Unser Geist "denkt" nicht in Worten, sondern in Bildern. Wir müssen uns daher alles so genau vorstellen, wie wenn vor unseren geschlossenen Augen ein Film ablaufen würde. Wir versuchen, Jesus zu sehen, wir versuchen, das Licht zu sehen, das von Ihm ausgeht. Wir versuchen, Seine Schwingung zu spüren, wenn dieses Licht, diese Energie in unser Kronenchakra einfließt. Wir füllen es so intensiv mit diesem Licht, daß wir es nahezu leuchten sehen können. Dann verfolgen wir den Weg, wenn diese Energie dann unsere Wirbelsäule hinunterfließt. Übrigens ist der "Heiligenschein" nichts anderes, als die sehr starke Energieausstrahlung des obersten Chakras bei sehr reinen - "heiligen" - Menschen, was vor allem früher noch von vielen Menschen gesehen werden konnte.

Wenn wir nun die Energie von oben in unseren Körper einziehen und bis zum Ende der Wirbelsäule fließen lassen, ist es sehr wichtig, daß wir gleichzeitig den Atem im Kreis herumlaufen lassen. Wenn wir nämlich am Ende der Ausatmung unten angekommen sind und oben wieder neu anfangen einzuatmen, zerstört diese kleine Pause schon die Harmonie. Die Atmung muß immer ganz rund und gleichmäßig und unendlich sein, ohne auch nur die kleinste Unterbrechung. Bis wir diese Atmung perfekt beherrschen, sollten wir daher immer in Gedanken das Riesenrad mitlaufen lassen, wobei wir es jedoch gut zu einem Oval deformieren können (siehe Abbildung). Damit deckt sich die gedachte Abwärtsbewegung in der Ausatmungsphase nahezu genau mit dem wirklichen Weg der Energie vom Kronenchakra bis zum untersten Chakra. Wenn uns diese Atmung dann einmal in Fleisch und Blut übergegangen ist, dann werden sich die Bewegungsabläufe automatisch so harmonisieren, daß wir das gedankliche Riesenrad nicht mehr benötigen. Wenn sich mit der Zeit dann "wie von alleine" Abweichungen oder Änderungen einstellen, brauchen wir uns überhaupt nicht dagegen zu wehren, sondern wir nehmen sie einfach an. Jeder wird dann mit der Zeit seinen eigenen Weg finden, der mehr oder weniger vom Weg der anderen abweicht. Wir können hier nur die Grundlagen vermitteln, auf denen aufgebaut werden kann und soll.

2. Entspannung

Diese Atmung, tief, gleichmäßig, ruhig und rund, hat noch eine weitere unschätzbare Wirkung: Sie kann seelische und körperliche Spannungen lösen. Und zwar ganz allein! Das ist zum einen allgemein wichtig, denn ohne die seelischen und körperlichen Spannungen lebt es sich viel unbeschwerter und leichter, zum anderen ist aber Entspannung eine wichtige Voraussetzung für die Meditation.

Beginnen wir wieder, im Kreis zu atmen. Bei der Einatmung ist alles gleich wie vorher. Wir atmen rund und gleichmäßig zuerst in Bauch, Brust und Kopf ein und befinden uns dann mit dem Riesenrad oben im Kronenchakra.

Beim Ausatmen lassen wir den Atem nun nicht einfach "nutzlos" entweichen, sondern leiten ihn ganz bewußt durch unseren Körper. Wir können den Atem zu jeder beliebigen Körperstelle fließen lassen. Der Atem wird ja durch die Lungen nicht "leergeschöpft". Die Energie ist ohnehin unerschöpflich.

Um die Verspannungen auflösen zu können, müssen wir zuerst wissen, um was es sich dabei eigentlich handelt: Unsere Muskulatur steht ständig unter einer bestimmten Grundspannung. Diese Grundspannung ist abhängig von unserem Gefühlsleben bzw. unserem Seelenzustand. Wenn wir innerlich ruhig sind, wird die Grundspannung sehr niedrig sein, die Muskeln sind entspannt. Je unruhiger wir innerlich sind, je nervöser - wir haben dafür ja auch den Ausdruck "angespannt" - desto höher ist diese Grundspannung. Dabei werden die Muskelfasern ständig aktiviert und wieder inaktiviert, aber in so schnellem Wechsel, daß in der Regel keine Bewegung zustandekommt. Erst wenn wir stark erregt sind, zeigt es sich als Zittern. Obwohl bei diesem ganzen Vorgang keine Arbeitsleistung sichtbar wird, ist der Energieverbrauch doch enorm. Die Durchblutung hält aber damit nicht Schritt, es entstehen Schlakkenstoffe, die nicht mehr richtig abtransportiert werden, die Muskelfasern verdicken und verhärten sich. Werden diese Verspannungen nicht nach kurzer Zeit wieder gelöst, so daß ein Abtransport der Schlackenstoffe möglich ist und der Normalzustand wiederhergestellt werden kann, bilden sich Verdikkungen und Verhärtungen oft ganzer Muskelpartien, was dann zusammen mit der Übersäuerung durch die mangelnde Energiezufuhr zu den bekannten Schmerzen führt.

Die Verspannungen werden meist auf unnatürliche Arbeitshaltungen zurückgeführt. In Wirklichkeit sind sie jedoch nahezu immer Ausdruck seelischer Probleme, denn wenn wir ruhig und innerlich ausgeglichen sind, dann machen uns eben dieselben Arbeitsbedingungen plötzlich nichts mehr aus.

Mit unserem Atem können wir diese Verspannungen nun auf zweifache Weise lösen:

Erstens werden wir durch die Ruhe und Gleichförmigkeit der Bewegung sehr schnell auch innerlich ruhig, die Grundspannung nimmt ab, und die Muskeln erschlaffen. Da die Durchblutung durch die tiefe Atmung ja vor allem in den Kapillaren enorm gesteigert wird, können die Schlackenstoffe schnell abtransportiert und die Übersäuerung ausgeglichen werden.

Zweitens ist die geistige Energie, das Prana des Atems, in der Lage, diese Ablagerungen, sowie Verhärtungen und Funktionsstörungen direkt aufzulösen bzw. zu beheben! Wir nehmen hierfür nur wieder unsere Vorstellungskraft zu Hilfe. Energie ist Schwingung, wie wir wissen. So stellen wir uns also vor, daß unser Atem beim Ausatmen wie eine Wasserwelle durch unseren Körper flutet, und zwar ausgehend vom höchsten Punkt, vom Endpunkt der Einatmung, vom Kronenchakra. Hier beginnt die Welle. Sie ist so breit wie unsere Schultern. Sie läuft langsam über Nacken und Schultern, dann gleichzeitig über Oberkörper und Arme, dann über Gesäß und Beine, bis sie in den Fußspitzen aufhört. Dabei können wir etwa folgendes Bild an unserem inneren Auge vorbeiziehen lassen:

Wir sind in einer einsamen Bucht, alles ist ruhig, der Abendhimmel blutrot, die Sonne versinkt am Horizont im Meer. Eine leichte Brise treibt fast unhörbar niedere Wellen ruhig und gleichmäßig am Ufer entlang, bis sie sich am flachen Strand totlaufen.

Es kann sein, daß jemand am Anfang nicht soviel in einen Atemzug hineinbringt. Dann gehen wir einfach schrittweise vor: Wir lassen zuerst die Arme, dann die Beine, dann Bauch, Oberkörper und als letztes Nacken und Gesicht von der Welle jeweils einzeln durchflutet werden. Die Welle ist übrigens immer so dick, daß Brust und Rücken bzw. Oberseite und Unterseite der Arme und Beine gleichzeitig von ihr erfaßt werden. Oder wenn es uns danach zumute ist, können wir auch gleichzeitig zwei Wellen losschicken; die eine läuft dann über Hinterkopf, Rücken und Unterseite von Armen und Beinen, die andere über Gesicht, Brust, Bauch und Vorderseite von Armen und Beinen. Nun müssen wir uns nur noch vorstellen, wie diese Welle alle Schlacken aus der verspannten Muskulatur herausschwemmt und die Muskelfasern lokkert, so ähnlich wie eine Welle, die das Schilf bewegt oder ein Kamm, der sanft ein Haarknäuel wieder in einzelne Haare zerlegt.

Es kann sein, daß wir dabei ein Gefühl der Wärme spüren. Das liegt daran, daß Muskulatur und Haut stärker durchblutet werden, ansonsten hat es jedoch keine Bedeutung.

Genau wie bei der Energiearbeit im vorigen Kapitel müssen wir auch bei der Entspannungsatmung zweigleisig fahren und nebenher das Riesenrad ablaufen lassen. Genau wie vorher können wir nicht in den Füßen mit der Ausatmung aufhören, dann einen Sprung nach oben machen und im Bauch wieder neu einatmen. Es muß auch hier wieder ein geschlossener Kreis existieren wie bei der Energiearbeit (siehe Abbildung im Abschnitt Energie).

Nun haben wir zwei Möglichkeiten, um mit der Ausatmung bis in die Füße zu kommen. Entweder lassen wir die Atemwelle schneller laufen als das Riesenrad, so daß gleichzeitig der Atem in den Fußspitzen ankommt und das Riesenrad am Steißbein, von wo es dann sofort wieder aufwärts geht mit der Bauchatmung. Oder wir lassen den Atem zusammen mit dem Riesenrad abwärts laufen bis zum Steißbein, und während wir dann schon wieder einatmen, lassen wir die Ausatmungswelle in Gedanken noch bis zu den Fußspitzen weiterlaufen. Das ist in Wirklichkeit einfacher, als es sich anhört. Und nach einiger Übung werden Sie feststellen, daß sich fast automatisch eine Kombination zwischen diesen beiden Möglichkeiten herausstellt, und das dürfte wohl die einfachste und beste Version sein.

Diese Entspannungsphase sollte am Anfang jeder Meditation stehen. Die Zeitdauer richtet sich nach unserer jeweiligen Verfassung. Gleich nach dem Aufstehen morgens früh werden meist wenige Minuten genügen. Wer jedoch mittags oder abends meditiert und nervös, "angespannt" oder "abgespannt" ist, bei dem kann es auch länger dauern. Wir sollten auf jeden Fall solange damit fortfahren, bis wir völlig entspannt sind. Denn wie unsere Gefühle und Emotionen unsere Muskelspannung beeinflussen, so wirkt sich eine angespannte oder verspannte Muskulatur nachteilig auf unseren Seelenzustand aus. Eine solche Störung können wir aber in der Meditation nicht gebrauchen.

Noch etwas Wichtiges: Ein absolutes "Muß" ist die Nasenatmung! Neben den physischen Faktoren - Erwärmung, Befeuchtung und Reinigung der Luft, sowie Regulation der Atmung im hinteren Nasenraum - wird bei der Mundatmung der Kopf von der Energieversorgung abgeschnitten! Dadurch wird unser ganzes Energiesystem blockiert. Es ist nicht sehr effektiv, mit Mundatmung zu meditieren. In diesem Fall sollte zuerst mit Hilfe eines Atemtherapeuten auf Nasenatmung umgestellt werden.

Dieses Kapitel war sehr umfangreich. Damit das Wichtigste nicht in den allgemeinen Ausführungen untergeht, wollen wir es kurz zusammenfassen:

Der Atem sollte immer rund und gleichmäßig sein. Bauchatmung ist sehr wichtig. Tief und ruhig einatmen. Keine Pause zwischen Ein- und Ausatmung, beide Phasen gleich lang. Nasenatmung! Die Energie von Gott, also von oben in das oberste Chakra einfließen lassen und von dort die Wirbelsäule hinunter nacheinander zu den einzelnen Chakras, jeweils sieben Mal, beginnend mit dem untersten. Gleichzeitig die Atmung völlig rund lassen, ovales Riesenrad dazudenken.

Zur Entspannung Atem in der Ausatmung vom Kronenchakra bis in die Fußspitzen schicken und, wie bei der

Energiearbeit, Atmung völlig rund lassen und gleichzeitig ovales Riesenrad dazudenken.

Ruhig atmen, aber nie versuchen, den Atemrhythmus zu steuern. Wir dürfen nie in Atemnot geraten. Es kommt nicht darauf an, möglichst langsam zu atmen. Während der Meditation wird sich der Rhythmus mehrmals automatisch verändern. Wenn wir uns intensiv mit Energie aufladen, kann es sein, daß wir plötzlich sehr schnell und trotzdem tief atmen, und wenn wir in Gedanken an einem schönen, ruhigen Ort weilen, werden wir wahrscheinlich sehr langsam atmen. Beides ist richtig. Achten Sie also nur darauf, daß Ihr Atem tief, ruhig, gleichmäßig und rund ist.

Die meisten werden anfangs Schmerzen in Schultern und Bauch verspüren. Das gibt sich mit der Zeit, sobald die Lungenabschnitte und die dazugehörige Muskulatur das Arbeiten wieder gewohnt sind. Anfangs wird diese Atmung daher auch Mühe kosten. Es ist sinnvoll, sie jeweils einige Minuten vor der eigentlichen Meditation zu üben oder auch mal zwischendurch, wenn wir einige Minuten Zeit haben. Mit der Zeit sollte uns diese Atmung so in Fleisch und Blut übergehen, daß wir sie nicht nur ohne Anstrengung während der ganzen Meditation durchhalten können; es sollte vielmehr unsere normale Atmung werden! Diese Atmung sollte so selbstverständlich werden, daß wir gar nicht mehr anders atmen können!

Die richtige Atmung ist das Wichtigste! Sie werden sich wundern, was sich allein durch diese Atmung alles verändert. Zum ersten in Ihrem Seelenleben: Sie werden schon nach kurzer Zeit ausgeglichener, ruhiger, liebevoller werden. Und zum zweiten wird sich Ihr Gesundheitszustand wesentlich verbessern.

Allein durch diese Atmung können Sie Ihren Gesundheitszustand, ja Ihr ganzes Wesen völlig umkrempeln. Schon nach kurzer Zeit werden Sie sich viel kraftvoller, viel energiereicher fühlen, ohne Müdigkeit, ohne Schlappsein, ohne Unlust. Meditation ohne richtige Atemtechnik wird immer nur geringe Erfolge erzielen können.

"Da entgegnete Ihm Petrus und sprach: Herr, wenn Du es bist, so laß mich hinkommen über das Wasser! Er sagte: Komm! Und Petrus stieg aus dem Schiff, ging über das Wasser und kam auf Jesus zu. Als er aber den starken Wind sah, fürchtete er sich, und da er anfing zu sinken, rief er: Herr, hilf mir! Sogleich streckte Jesus seine Hand aus, ergriff ihn und sagte zu ihm: Du Kleingläubiger! Warum hast du gezweifelt?"

(Mt 14,28-31)

Abschalten

Nun sind die Muskeln entspannt, die Atmung ruhig, der Herzschlag langsam, die Verdauungstätigkeit ist auf ein Minimum reduziert - morgens früh ruht sie ganz, kurz: Der Körper arbeitet auf Sparflamme, er ist praktisch abgeschaltet. Bleibt uns noch, unsere Sinne abzuschalten. Die Augen können wir schließen, doch wird es nur den wenigsten möglich sein, einen Platz und eine Zeit zu finden, wo es absolut still ist. Irgendwelche Geräusche lassen sich meist nicht vermeiden. Unsere Ohren werden sie notgedrungen aufnehmen; wir können aber lernen, "daran vorbeizuhören", bewußt nicht darauf zu achten. Denn die Hörempfindung entsteht nicht in den Ohren, sondern erst im Gehirn. Es passiert uns ja auch sonst oft, daß wir etwas völlig überhören, wenn wir in Gedanken abwesend sind. So lassen sich auch die Ohren bis zu einem gewissen Grad abschalten. Es gehört ein wenig Übung dazu, mit der Zeit wird es aber sicherlich gelingen, zumindest die üblichen Geräusche nicht mehr bewußt wahrzunehmen.

Nun gibt es noch etwas, was zwischen Geist und Körper steht, was unseren Geist an unseren Körper bindet: unsere Sorgen und Probleme, die ja fast immer nur unsere körperliche Existenz betreffen. Sie führen oft ein ziemliches Eigenleben. Indem wir uns nämlich mit ihnen identifizieren, laden wir sie mit Energie auf und machen sie bedeutend stärker als normale Gedanken. Sie binden unseren Geist am Körper fest und lassen keine geistige Arbeit zu. Für die Meditation können wir sie also am allerwenigsten gebrauchen, und wenigstens für diese Zeit müssen wir sie unbedingt los werden. So einfach lassen sie sich allerdings - zumindest am Anfang - nicht fortschicken. Meist sind sie recht hartnäckig. Also müssen wir mit unserer Vorstellungskraft nachhelfen:

Wir "nehmen" uns einen Tennisball oder bei größeren Problemen auch einen Fußball, "schneiden ihn auf" und packen all unsere Sorgen und Probleme hinein. Wir müssen dabei sehr sorgfältig und gewissenhaft vorgehen. Anschließend machen wir ihn wieder zu und werfen ihn weit weg. Wir brauchen uns dann nicht mehr darum zu kümmern. Nach der Meditation kommen sie von selber wieder zurück! Aber solange haben wir erst einmal Ruhe!

Bevor Sie jetzt sagen: "Das ist ja kindisch", erinnern Sie sich daran: In Worten denkt nur unser Verstand. Unser Geist und unser Unterbewußtsein denken in Bildern! Und wenn wir auf der geistigen Ebene etwas erreichen wollen, dann müssen wir diese "Sprache" erlernen. Aber wir müssen ernsthaft dahinter stehen, wir müssen daran glauben. Wenn wir zweifeln oder wenn wir's ins Lächerliche ziehen, können unsere Gedanken die nötige Energie nicht aufbringen. Wer sagt: "Ich versuch's mal", der hat schon halb verloren. Versuchen heißt, den Mißerfolg von vornherein einkalkulieren. Versuchen ist nur ein anderes Wort für Zweifeln. Wir dürfen nichts versuchen, wir müssen es tun, auch wenn es uns nicht aufs erste Mal gelingt, auch wenn wir hierzu etwas Übung brauchen. Wenn wir wirklich daran glauben, und wenn wir in Gedanken so exakt arbeiten, wie wenn wir den Vorgang in Wirklichkeit ausführen würden, wird sich der Erfolg bald einstellen.

Der Körper ist nun zur Ruhe gebracht, die Fesseln, die er unserem Geist angelegt hat, sind zerschnitten, jetzt müssen wir noch unserem Geist Ruhe verschaffen, müssen ihm noch die vielen Quälgeister abnehmen, mit denen wir ihn ständig belagern - und das sind unsere Gedanken!

"Denn wer sich Meiner und Meiner Worte schämt, dessen wird auch der Menschensohn Sich schämen, wenn Er kommen wird in Seiner und des Vaters und der heiligen Engel Herrlichkeit." (Lk 9,26)

Gedankenstille

Normalerweise achten wir gar nicht auf unsere Gedanken. Sie führen uns mal da-, mal dorthin und haben meist eines gemeinsam: Sie lenken uns von dem ab, was wir gerade tun. "Wie bitte? Ich war gerade in Gedanken abwesend!" Wer kennt diesen Satz nicht! Genauso würden uns unsere Gedanken auch in der Meditation forttragen, irgendwohin, nur nicht zu unserer Mitte! Doch versuchen Sie mal, sie fortzuschicken, einfach nichts zu denken. Sie werden schnell feststellen, so leicht lassen sie sich nicht verjagen.

Zunächst sollten wir unsere Gedanken daher lediglich beobachten. Wir lassen sie an uns vorüberziehen wie einen Film, ohne daß wir Einfluß darauf nehmen. Anfangs werden sie nur so vorbeijagen, mit der Zeit werden sie jedoch langsamer und ruhiger, so daß wir einen Gedanken "fassen" können. Dann gehen wir einen Schritt weiter und greifen uns einen Gedanken heraus, ganz egal welchen und lassen ihn nicht mehr los. Bleiben Sie dann bei diesem einen Gedanken, durchdenken Sie ihn solange, bis Sie mit ihm fertig sind, bis Sie ihn nach allen Richtungen durchdacht haben. Und dann lassen Sie ihn los und setzen an seine Stelle etwas anderes: Jesus Christus.

So richten wir unsere Aufmerksamkeit auf Christus, stellen Ihn uns intensiv vor. Wenn Sie damit Schwierigkeiten haben, dann nehmen Sie ein Bild, das Sie entweder vorher oder anfangs auch während der Meditation betrachten können. Zuerst wird es nur wenige Sekunden gelingen, dann wird schon der erste Gedanke dieses Bild wieder zu verdrängen suchen. Dadurch dürfen wir uns aber nicht entmutigen lassen! Wichtig ist nur, daß wir diesen Gedanken sofort abbrechen, sobald wir ihn bemerken. Wem also beispielsweise plötzlich einfällt, daß er nachher noch einkaufen muß, der soll sich nicht noch schnell überlegen, was er alles braucht; und wer plötzlich feststellt, daß er in Gedanken das Mittagessen vorbereitet, soll es nicht noch schnell fertig machen. Wer sich plötzlich in der Planung für den bevorstehenden Wochenendausflug wiederfindet oder wer in der Fabrik bereits die Maschine anlaufen läßt, der schalte sie bitte sofort wieder ab. Wir müssen diese Gedanken sofort abbrechen und uns wieder auf Christus konzentrieren. Wenn unsere Gedanken "bemerken", daß wir uns trotzdem mit ihnen abgeben, werden sie sich immer noch heftiger aufdrängen. Müssen die Gedanken aber "feststellen", daß wir sie sogleich wieder abbrechen, wenn wir sie bemerkt haben, werden sie uns immer weniger belästigen.

Kämpfen Sie aber nie gegen Ihre Gedanken an. Es gibt ein geistiges Gesetz, das heißt: "Gewalt erzeugt Gegengewalt". Wenn wir also gegen unsere Gedanken ankämpfen, so werden diese zurückschlagen und werden sich mit immer größerer Hartnäckigkeit unserem Bewußtsein aufdrängen. Mit Gewalt ist in der Meditation ohnehin nichts zu erreichen, und zwar auf keinem Gebiet.

Einen zweiten Fehler begehen viele, indem sie ihre Gedanken einfach wegleugnen. Aber mit umso größerer Intensität werden uns die Gedanken beweisen, daß sie doch existieren. Am besten ist es daher, die aufkommenden Gedanken mit größtmöglicher Gleichgültigkeit einfach abzubrechen und wieder wie selbstverständlich zu Jesus Christus zurückzukehren. Sich über seine eigene Schwäche zu ärgern oder aufzuregen, ist nur Energieverschwendung ohne merklichen Nutzen. Wir müssen alle unsere Menschlichkeit akzeptieren lernen. Natürlich müssen wir auch gegen unsere Schwachheiten angehen, doch ohne sie jemals in unserem irdischen Leben ganz ausrotten zu können.

Für diese Gedankenkontrolle sollten wir uns anfangs etwa 5 Minuten Zeit nehmen. Wir konzentrieren uns auf Christus, betrachten Ihn dabei aber nicht einfach wie eine Statue. Er ist ja nicht tot, Er lebt! Wir müssen versuchen, eine Verbindung mit Ihm einzugehen, Sein Wesen zu erspüren, Seine Liebe zu fühlen. Wir dürfen nicht traurig sein, wenn uns das anfangs nur für wenige Sekunden gelingt. Durch ständiges Üben werden wir es bald auf mehrere Minuten bringen, ohne daß wir dabei von anderen Gedanken unterbrochen werden. Das ist allerdings kein Zustand, der uns, wenn wir ihn einmal erreicht haben, ohne weiteres Zutun ewig erhalten bleibt. Wir müssen uns jedesmal aufs Neue konzentrieren, dürfen nie locker lassen, uns nie auf unseren Lorbeeren ausruhen. Wir dürfen uns also auch nicht wundern, wenn es uns plötzlich wieder schwerfällt oder gar unmöglich ist, bei einem Gedanken zu bleiben. Auch das ist normal! Und kommt bei jedem vor! Vorwiegend dann, wenn wir übermüdet sind. Es können auch Phasen kommen, wo es tagelang oder wochenlang nicht so richtig klappt. Trotzdem durchhalten! Nicht aufgeben! Mit unserem Willen können wir diese Durststrecken überwinden.

"Wo ein Wille ist, ist auch ein Weg!"

Wenn wir nach einiger Zeit - nach Wochen oder Monaten - die Gedankenstille problemlos herstellen und ungefähr 5 Minuten unsere Gedanken bei Christus verweilen lassen können, ohne ständige Unterbrechung, und wenn uns ungefähr nach derselben Zeit die Atmung selbstverständlich geworden ist, dann können wir bereits während der einleitenden Atmung abschalten, die Gedankenstille herstellen und den Weg zu unserem Lieblingsort "antreten".

Gott spricht: "Meinen Bogen habe Ich in die Wolken gesetzt; der soll das Zeichen sein des Bundes zwischen Mir und der Erde".

(Gen 9,13)

Meditationsrahmen

Atmung und Gedankenstille haben uns zu äußerer und innerer Ruhe verholfen. Körper und Geist schweigen. Es ist eine geheimnisvolle, eine feierliche Ruhe. Sie läßt sich leichter bewahren, wenn wir sie in einen ebensolchen Rahmen einbetten.

Wir lassen dazu unsere Gedanken einen Ort gestalten, so schön, daß wir automatisch schon glücklich sind, sobald wir dort ankommen. Das kann etwa eine Waldlichtung sein mit schönen Blumen, bunten Schmetterlingen, einem Wasserfall vielleicht. Wir setzen uns auf einen Baumstumpf oder legen uns ins frische Gras, genießen die Sonnenstrahlen, die durch die Zweige der Bäume dringen und die Ruhe, die alles einhüllt. Es kann ein kleiner See sein mit einer Fischerhütte, weitab von jeder Zivilisation, nur für uns zugänglich. Wir richten uns die Hütte ganz nach unserem Geschmack ein, wir wollen uns ja wohl fühlen, wenn wir sie betreten.

Vielleicht ist auch ein einsamer Palmenstrand das Schönste, das jemand sich vorstellen kann. Dann freut er sich am leisen Rauschen des Meeres, an der üppigen Vegetation, am Zwitschern exotischer Vögel und genießt die helle, heiße Mittagssonne, den blutroten Sonnenuntergang, oder er läßt den Sternenhimmel auf sich einwirken.

Wer ein Freund der Berge ist, baue sich auf der schönsten Alm eine Hütte, wie er es sich schon oft in seinen Träumen ausgemalt hat.

Auch beim Meditationsort sollten wir wieder unserer Phantasie und unseren Träumen freien Lauf lassen. Wir gestalten uns den Ort so liebevoll und detailliert, wie wir nur können. Er soll das Schönste sein, das es für uns gibt. Wir müssen uns nur diesen Ort so intensiv wie möglich vorstellen.

Erinnern Sie sich noch: Alles, was wir denken, ist Wirklichkeit und hat mit "Einbildung" nichts zu tun! Dieser Ort existiert wirklich! Und es existiert dann nur noch dieser eine Ort auf der Welt und sonst nichts! Und genauso wie ein schöner Urlaubsort auf uns wirkt, unsere Stimmung und unsere Gefühle beeinflußt, uns unsere Sorgen vergessen läßt und oft auch unsere Krankheiten, genauso intensiv wirkt auch dieser Ort auf uns. Er ist unsere Oase der Ruhe und des Friedens. Und unser Geheimnis. Erzählen Sie niemandem davon. Niemand soll uns dort mit seinen Gedanken stören können! Es soll ein Ort sein, an den wir uns immer zurückziehen können, wenn wir allein sein wollen, um uns zu erholen, um Kraft zu schöpfen - oder uns mit Christus oder unserem Engel zu unterhalten.

"So kann also keiner von euch, der nicht von allem sich lossagt, was er besitzt, Mein Jünger sein." (Lk 14,33)

Dieser Satz wird oft mißgedeutet. Er bedeutet nämlich nicht, daß nur Arme Jesu Jünger sein können. Nicht verkaufen sollen wir alles, nur unser Herz dürfen wir nicht daran hängen, dürfen uns unsere Mitte und den Weg zu unserer Mitte nicht mit weltlichen Dingen zubauen, dürfen unsere geistige Entwicklung nicht materiellen Abhängigkeiten opfern.

Der Weg zur Mitte

Wir stellen uns nun vor, wie wir zu unserem Meditationsort gehen, durch einen Wald, über eine blühende Wiese, durch den Schnee oder am Strand entlang, und jeder Schritt führt uns weiter von der lauten Welt weg, tiefer in die Stille des Geistes hinein. Wir stellen uns vor, wie wir immer weniger hören von den Geräuschen dieser Welt, wie es immer ruhiger wird um uns herum. Auf dem Weg zu unserem Meditationsort lassen wir alles zurück, was uns belastet. Alles Materielle, alles Körperliche hat in der Meditation nichts zu suchen. Wir stellen uns vor, wie Schritt für Schritt immer mehr Last von uns abfällt, wie wir immer leichter werden, bis wir am Schluß so leicht und unbeschwert sind, daß wir uns lautlos, mühelos, ja fast schwebend bewegen können.

Unser Verstand gehört zum Körper! Er ist in der geistigen Welt nicht zu gebrauchen. Normalerweise ist unser Bewußtsein mit dem Verstand eng verknüpft und in unserem Gehirn angesiedelt. Dies ist aber nur unser körperliches Zentrum. Unser geistiges Zentrum müssen wir uns in der Nähe unseres Herzens vorstellen. Es ist unsere Geistseele selber. Im selben Maße, wie wir ruhiger werden, wie die äußere Welt von uns abfällt, müssen wir unser Bewußtsein von unserem Gehirn zurückziehen und in unser Herz verlegen. Dabei hört das Denken auf, an seine Stelle tritt das Fühlen.

Der Geist läßt sich nicht mit dem Verstand erfassen. Versuchen Sie einmal das Zirpen einer Grille zu fotografieren oder die Schönheit einer Blume auf Tonband aufzunehmen. So können wir auch in der Meditation mit dem Verstand nichts anfangen. Er würde im Gegenteil alles blockieren. Wenn wir mit unzulänglichen Mitteln arbeiten, dürfen wir uns nicht wundern, wenn dabei nichts herauskommt. Genausowenig kann Gott naturwissenschaftlich exakt bewiesen werden. Und das will er auch gar nicht! Er will von uns "erfühlt" werden. Am besten läßt sich der Unterschied zwischen Denken und Fühlen an einem Beispiel erklären, das wohl die meisten von uns nachvollziehen können: die Liebe zwischen Mann und Frau. Auch sie läßt sich nicht mit dem Verstand erfassen. In liebender Umarmung hört das Denken auf, man fühlt nur noch und kann in seinem Herzen das Geheimnisvolle dieser Verbindung spüren. Wenn wir den "Kopf verlieren" und ohne zu denken einfach auf die liebenden Gefühle des anderen reagieren, genau das ist mit der Verlagerung des Bewußtseins in unser Herz gemeint. Und genauso sollten wir Christus gegenübertreten: offen, ohne Hemmung, ohne Vorbehalte und ohne zu denken.

Der Weg in die Stille ist nun an seinem Ende angelangt. Alles in uns ist ruhig, alles schweigt. Die Welt um uns herum versinkt, wir sind eingebettet in die Ewigkeit. Auf dieser Ebene sind wir bereit für die eigentliche Meditation: die Verbindung mit Christus (Teil III) und die Hilfen, die uns in der geistigen Welt zur Verfügung stehen (Teil IV).

III. Christus ist unsere Mitte

Der Weg durch die Mitte

Der Weg zu unserem Lieblingsort hat uns herausgeführt aus der lauten Welt, aus der materiellen Welt, aus der Körperwelt. Jeder Schritt hat uns tiefer hineingeführt in das Reich des Geistes. Wir haben unser Bewußtsein herausgeführt aus unserem Gehirn und in unser wirkliches Zentrum hineingeführt, in unsere Geistseele, in unsere Mitte. Diese Mitte ist Christus! Immer! Und bei jedem von uns! Er hat uns erschaffen, hat jedem von uns Seine Liebe ins Herz gelegt, in jedem Menschen schlummert als Same Sein Geist. Und dieser Keimling läßt sich auch durch weiteste Abkehr von Gott nicht ersticken. Jedem hält Er zu jeder Zeit den Rückweg offen. Er wartet geduldig, bis wir begreifen, daß wir diesen Samen gießen müssen, damit Sein Geist in uns aufblühen kann, bis Er uns ganz durchwirkt hat, und Er uns ganz an Sich ziehen kann.

Doch Er läßt uns die Wahl! Ganz bewußt! Er wollte keine Roboter, Er wollte freie Wesen, die sich frei, ohne Zwang für Ihn, für Seine Liebe entscheiden. Es bleibt uns überlassen, was wir zu unserer Mitte, zu unserem Lebensmittelpunkt erheben. Wir müssen uns unser "Lebensfahrzeug" selber bauen. Der Körper ist die Karosserie und der Geist die Räder. Wenn wir nun die Achsen der Karosserie genau im Mittelpunkt der Räder zentrieren, wird unser Fahrzeug völlig rund laufen. Es hat einen geringen Widerstand und braucht am wenigsten Energie. Wenn wir die Achsen allerdings irgendwo anders befestigen, werden unsere Räder "eiern". Je weiter die Achsen vom Mittelpunkt entfernt sind, desto unrunder läuft unser Fahrzeug, desto größer ist die Reibung, desto mehr Energie benötigen wir für die Fahrt, bis dann schließlich, wenn die Achse ganz außen am Rad sitzt, eine Fahrt überhaupt nicht mehr möglich ist. Wir selber haben es in der Hand, ob unsere Achse genau in der Mitte der Räder sitzt, wenn unser Lebensmittelpunkt Christus ist, oder ob unsere Räder eiern, wenn wir einen der modernen Götzen zu unserem Lebensmittelpunkt erheben:

Schönheit, Körperpflege, Fitneß, Sport, Mode, Autos, Fernsehen, Essen, Reisen oder Alkohol. Die Liste läßt sich unendlich fortsetzen. Was erheben wir heute nicht alles zu unserem Mittelpunkt! Manche haben sich so gründlich mit materiellen Dingen eingedeckt, daß eine geistige Entwicklung überhaupt nicht mehr möglich ist. Worin unterscheiden wir uns noch von der Raupe, deren Lebensmittelpunkt das Blatt ist, an dem wir achtlos vorübergehen? Die christliche Meditation kann uns nun helfen, unsere geistige Mitte in Christus zu zentrieren. Wir meinen damit, daß wir unser eigentliches Ich immer stärker auf Ihn ausrichten, daß Seine Liebe immer mehr unser ganzes Wesen prägt, daß unsere Schwingung immer reiner wird, bis sie dann eines Tages, am Endpunkt unserer Entwicklung, mit Seiner Schwingung verschmelzen darf, wenn uns nichts mehr von Ihm trennt - wenn unser Wollen völlig in Seinem Willen aufgegangen ist.

Das ist Ziel und Hauptanliegen der christlichen Meditation. Alles andere, Meditationstechnik und geistige Hilfen zur Meditation sind nur Hilfsmittel. Sie sind nicht die Meditation selber! Aber sie sind wichtig, denn der Weg ist steil und steinig und ohne die nötige Ausrüstung nicht zu schaffen. Den nötigen Halt und die Sicherheit im Fels geben uns Bergseil und rutschfeste Schuhe - im Leben sind es Meditation und Gebet. Je eher wir loslaufen, desto schneller sind wir am Ziel. Doch beachten Sie: Klettern tut man immer langsam, dafür aber beständig!

Wir wollen nun diese Verbindung mit Christus herstellen. Wir versuchen, Sein Wesen zu erspüren, Seine Liebe zu fühlen. Wir lassen die Energie, die ständig von Ihm ausgeht, in uns eindringen. Wir unterhalten uns mit Ihm, sagen Ihm alles, was uns am Herzen liegt. Wir beten zu Ihm. Entweder mit eigenen Worten und Gefühlen oder mit einem Gebet, das uns besonders gefällt. Vielleicht sagen wir einfach nur: *"Jesus, ich liebe Dich"*. Wir dürfen unseren Gefühlen freien Lauf lassen. Gott läßt sich nicht mit dem Verstand erfassen. Er läßt sich auch in keine Norm pressen. Gott hat absichtlich jeden von uns anders erschaffen und deshalb will Er auch von jedem auf seine ureigene Art und Weise geliebt werden.

Gott will nicht der große Weltenkönig sein, Der unnahbar in weiter Ferne thront, Den wir kaum wagen anzusprechen, Dem wir uns nur mit der allergrößten Ehrfurcht nähern, mit niedergeschlagenen Augen, ständig in der Angst, ja nichts falsch zu machen. Ein solcher Umgang mit Gott ist unnatürlich und von Ihm nicht gewollt. Er führt dazu, daß viele Christus aus ihrem Bewußtsein herausdrängen, weil Er ihnen unheimlich ist, weil Er ihnen viel zu groß ist, weil sie mit Ihm nichts anfangen können.

Doch Christus ist eben ganz anders. Er stellt sich auf eine Stufe mit uns. Er läßt Sich nicht über uns erheben! Wir dürfen sicher sein, daß Er uns mit einer Liebe liebt, die wir uns nicht vorstellen können. Aber echte Liebe stellt keinen Rangunterschied her, sie nimmt den anderen als gleichwertig an. Und so nimmt uns auch Christus als gleichwertig an! Als seine Brüder und Schwestern! Einen Kaiser kann man nicht lieben, höchstens achten oder verehren! Aber Christus will geliebt werden! Das hat er oft genug gesagt!

Nehmen wir wieder die menschliche Liebe als Beispiel: Wenn sich zwei Menschen sehr lieben, wird es kaum etwas geben, was in ihrer Achtung höher steht als der andere, obwohl sie, wie Christus sagt, eigentlich nicht mehr zwei getrennte Personen sind, sondern nur noch *"eine Lebenseinheit, ein Fleisch" (Mk 10,8)*. Auch wird ihnen Demut nicht schwerfallen, weil sie dem anderen alles ersparen wollen, was ihn verletzt. Tiefe Achtung und Verehrung sind nämlich automatisch in der Liebe enthalten, während sie ohne Liebe immer durch einen aktiven Willensakt künstlich aufrecht erhalten werden müssen und dadurch viel anfälliger sind. Christus kommt uns soweit wie möglich entgegen. Wir müssen nur noch einen Schritt tun, um bei Ihm zu sein: Wir müssen aufhören, unsere Liebe zu Ihm zu verstecken, uns vor Ihm und den anderen zu genieren, zu schämen oder Ihn gar zu verleugnen. Wir müssen uns zu unserer Liebe zu Ihm bekennen vor uns und den anderen, genauso wie wir, wenn wir verliebt sind, auch zu unserer Liebe stehen. *"Ich liebe Dich"*, das muß der selbstverständlichste Satz der Welt sein, mit dem wir uns hundertmal am Tag mit Christus verbinden. Die Meditation hilft uns, diese Verbindung herzustellen in der Stille des Geistes. Sie hilft, uns in diese Liebe einzuüben, zu lernen, diese Liebe selbstverständlich werden zu lassen. Wer sich am Anfang etwas komisch vorkommt oder sich geniert, in Christus "verliebt zu sein", verzage nicht. Mit jedem Mal wird es selbstverständlicher werden. Wenn man jung verliebt ist, ergeht es einem ja auch so: Zuerst geniert man sich und traut sich nicht so recht, bis das Wort "Ich liebe dich" nach einiger Zeit ganz selbstverständlich von den Lippen kommt. Das ist christliche Meditation. Diese Liebe ist das einzig Wichtige! Alles andere folgt aus ihr von selbst. Liebe ist das einzige, was in die Nähe Gottes führt. Christliche Meditation gibt uns die Möglichkeit, diese Liebe zu erlernen, zu erfühlen, zu erleben.

"Wer aber Mich liebt, wird geliebt werden von Meinem Vater, und Ich werde ihn lieben und Mich ihm offenbaren".

(Joh 14,21)

Lebensmittelpunkt der Raupe ist das Blatt!
Nur der Mensch ist befähigt, über „seine Mitte"
selbst zu entscheiden.

IV. Geistige Hilfen zur Meditation

Heilungsenergie

Wir haben uns nun mit Energie aufgeladen, haben unser Bewußtsein in unsere Mitte verlegt und uns mit Christus verbunden. Wir können Seine Kraft nun ganz bewußt in Körper und Seele einfließen lassen und den Heilungsprozeß unterstützen.

Einer Krankheit geht immer eine Störung im geistigen Bereich voraus. In dem elektromagnetischen Energiefeld, das uns - wie jeden anderen Körper - umgibt und das von uns ausgestrahlt wird (man nennt es auch Schwingung oder Aura), zeigt sich eine Krankheit schon lange, bevor sie sich am Körper auswirkt. Auf dieser geistigen Ebene läßt sie sich auch wieder heilen. Wir haben schon erwähnt, daß viele Krankheiten nur aufgrund eines Energiemangels entstehen. Umgekehrt heißt das, es besteht die Möglichkeit, sie auch über die Energie wieder zu heilen.

Wir nehmen beim Einatmen Energie auf, wie beschrieben, und lassen diese gedanklich in den erkrankten Körperteil einfließen. Dabei müssen wir jedoch unbedingt berücksichtigen, daß unser Geist nicht in Worten "denkt", sondern nur in Bildern. Wir müssen uns also den Heilungsvorgang plastisch vorstellen. Dafür einige Beispiele:

Wer an Rheuma im Handgelenk leidet, der schicke die Energie in Form von Licht in sein Handgelenk. Er muß sich (sein Bewußtsein) in sein Handgelenk hineinversetzen und dieses Licht dann alle Ablagerungen in seinem Handgelenk auflösen lassen. Anschließend erneuern wir die abgenutzten Knorpelschichten, dann lassen wir dieses Licht eine neue Gelenkflüssigkeit bilden und segnen dieses Gelenk mit einem "Lichtkreuz" (Kapitel "Abschirmung"). Dieses Lichtkreuz ist das Wichtigste! Das Kreuz Christi hat uns erlöst im großen, auch im kleinen kann es uns in allen(!) Situationen Hilfe bieten. In jeder Situation bewirkt es automatisch das Richtige!

Bei einem Magengeschwür lassen wir dieses Licht eine Kapsel um das Geschwür bilden, die dann mit dem Geschwür abfällt. Dann bilden wir neue Gewebszellen und eine neue Schleimhaut und lassen abschließend das Lichtkreuz darauf einwirken.

Bei Nierensteinen stellen wir uns vor, dieses Licht bestehe aus lauter scharf gebündelten Laserstrahlen, die diese Steine treffen und sie durch ihre große Energie zerstören. Am Schluß sind alle Steine zu Sand zermahlen und werden mit dem Harn ausgeschieden. Wir müssen uns das alles möglichst plastisch vorstellen und uns dazu Zeit lassen.

Wenn jemand das Bein gebrochen hat, dann muß er es durch seine Gedanken möglichst genau wieder einrichten lassen, dann die Energie zu dem Bruch fließen lassen und sich vorstellen, daß der Knochen durch dieses Licht wieder zusammengeschweißt wird. Zerrissene Gewebe, Blutgefäße, Haut usw. werden "zusammengenäht". Das Licht schweißt anschließend alles wieder dicht aneinander, so daß hinterher alles unversehrt ist! Zum Schluß kommt noch das "Bestrahlen" der Stelle mit dem Lichtkreuz.

Bei Verdauungsstörungen versorgen wir unseren Darm mit Energie und stellen uns vor, wie die Darmwand die verflüssigte Nahrung aufnimmt und ans Blut weitergibt und wie sich die Muskulatur kraftvoll rhythmisch zusammenzieht, wieder dehnt und dadurch die Abfälle hinausbefördert.

Wer an Verstopfung leidet, der marschiere zusätzlich noch mit einem geistigen "Hochdruckreiniger" durch seinen Darm und löse die Verhärtungen und Verkrustungen mit dem scharfen Wasserstrahl auf und spüle den Darm dann sauber.

Sagen Sie nun bitte nicht: "Das ist ja kindisch, da komme ich mir ja lächerlich vor." Das sieht vielleicht am Anfang so aus. Sobald wir darin geübt sind und sobald sich die ersten Erfolge einstellen, werden wir feststellen, daß unser Geist viel natürlicher, viel "kindischer" arbeitet, als wir es von unserem rationalen Gehirn her gewohnt sind. Jesus sagt es sehr deutlich: *"Wenn ihr nicht werdet wie die Kinder . . . !"*

Wir müssen bei der "Behandlung" der Krankheiten unserer Phantasie völlig freien Lauf lassen. Und vor allem: Wir dürfen keine Wunder erwarten! Manchmal werden sich nur kleine Erfolge einstellen, manchmal wird es vielleicht so aussehen, als ob sich gar nichts verändert. Lassen Sie sich Zeit. Wer seit vierzig Jahren Rheuma hat, kann nicht übermorgen schon gesund sein. Zuerst müssen wir uns einmal in der Meditation üben, bis wir eine gewisse Fertigkeit darin haben, und dann müssen wir unseren Krankheiten auch noch etwas Zeit lassen. Wenn wir regelmäßig daran arbeiten, werden wir vielleicht Erfolg haben. Wieviel Erfolg, das sollten wir Gott überlassen (siehe auch Kapitel "Christusnachfolge").

Mit Zauberei hat dies alles nichts zu tun. Es ist die Energie Gottes, die uns heilt, und was wir uns vorstellen, ist auch keine Einbildung, sondern Wirklichkeit! Aber eben auf der geistigen Ebene, deren Existenz wir nicht sehen oder messen können, die aber die eigentliche Ursache ist für alles, was sich auf der körperlichen Ebene zeigt. Damit lassen sich auch Erfolge bei schweren Erkrankungen erzielen. Dazu lassen wir diese Lichtenergie beispielsweise auf eine Krebsgeschwulst einwirken. Die Lichtstrahlen stellen wir uns als kleine Blitze vor, die die Krebszellen vernichten, die gesunden Körperzellen aber unberührt lassen. So kann man sowohl eine alternative, als auch eine konventionelle Krebsbehandlung unterstützen und damit zum einen die Wirksamkeit steigern und zum andern auch die Nebenwirkungen mildern.

Doch machen Sie bitte nicht den Fehler zu glauben, die Meditation würde Ihnen eine dringend nötige Operation ersetzen. Einen durchgebrochenen Blinddarm wird niemand in der Meditation "heilen", auch wird es kaum gelingen, einen bereits klinisch sichtbaren Brustkrebs allein mit Meditation loszuwerden, schon gar nicht, wenn - wie es leider vorgekommen ist - vor lauter Angst andere Maßnahmen unterlassen werden - mit Angst läßt es sich sowieso nie meditieren.

Genauso wie der Körper reagiert auch der seelische Bereich: Depressionen, Angstzustände, seelische Verstimmung usw. Dabei bleiben wir mit unserem Bewußtsein in unserer Mitte, in der Nähe unseres Herzens. Hier ist der Sitz unserer Seele. Wir stellen uns unsere Angst oder unsere Depression vor, stellen sie in das Lichtkreuz hinein und lassen sie dann von der Lichtenergie auflösen.

Auch Aggressionen haben oft im Energiemangel ihre Ursache, obwohl es paradox erscheint, denn ein aggressiver Mensch ist zumeist ziemlich "geladen" - aber mit der falschen Energie! Es ist eine niedere Energie, von einer tiefen, unreinen Schwingung, die nur dann entstehen kann, wenn zu wenig geistige Energie vorhanden ist.

Die eigentliche "Domäne" der Meditation ist die Vorbeugung! Viel leichter, als Krankheiten zu "heilen", die ja schon oft zu organischen Veränderungen geführt haben, ist es natürlich, sich davor zu schützen! Wenn die meisten Krankheiten durch die Störung unseres Energiegleichgewichts entstehen, dann ist der Weg nicht schwer zu finden, der uns recht gut davor schützt. Bereits die tiefe, runde Atmung stärkt unsere Abwehr ganz gewaltig. Des weiteren haben wir gelernt, wie wir uns mit Energie aufladen und uns vor negativen Gefühlen und Emotionen schützen können. Beides zusammen macht uns viel stabiler, wir sind nicht mehr so "anfällig". Das gilt für nahezu alle Erkrankungen. Am deutlichsten tritt es bei den Bagatellerkrankungen zutage: Erkältungen, Infekte, Unwohlsein usw. Wenn wir feststellen, daß "etwas im Anzug ist", können wir unsere Meditation darauf abstimmen, können unseren Körper mit einem Optimum an Energie versorgen. In einem solchen Fall wird die Energieaufnahme den größten Teil der Meditation ausmachen. Wir stellen uns vor, wie unser Körper ganz mit dieser Energie durchflutet wird, wie alle schädlichen Viren, Bakterien und sonstige Krankheitserreger unschädlich gemacht werden. In einem solchen Falle wäre es sicherlich gut, mehrmals am Tage zu meditieren. Auch wenn es nur Kurzmeditationen sind. Besser als mit tausend Worten stellt sich hierbei die Meditation in kürzester Zeit selbst unter Beweis.

Bei der Arbeit mit geistigen Dingen ist eines ganz wichtig: Wir müssen daran glauben! Mit Zweifeln oder Angst haben wir schon verloren! Alle Wirkung, alle Heilung geht von unseren Gedanken aus. Sie schaffen auf der geistigen Ebene Wirklichkeiten, die sich dann auf unserer "normalen", physischen Ebene verwirklichen. Dazu müssen unsere Gedanken aber stark sein, energiegeladen und durchschlagkräftig. Wenn wir zweifeln oder "eben mal versuchen, ob's klappt", dann nehmen wir den Gedanken alle Energie weg.

"Richtet nicht, damit ihr nicht gerichtet werdet! Denn wie ihr richtet, so werdet ihr gerichtet werden, und nach dem Maß, mit dem ihr meßt und zuteilt, wird euch zugeteilt werden. Warum siehst du den Splitter im Auge deines Bruders, aber den Balken in deinem Auge bemerkst du nicht? Wie kannst du zu deinem Bruder sagen: Laß mich den Splitter aus deinem Auge herausziehen! - und dabei steckt in deinem Auge ein Balken? Du Heuchler! Zieh zuerst den Balken aus deinem Auge, dann kannst du versuchen, den Splitter aus dem Auge deines Bruders herauszuziehen."

(Mt 7,1-5)

Haben Sie Ihren "Seelenspiegel" noch? Den brauchen wir jetzt. Die Eigenschaft, die wir am störendsten empfinden, die nehmen wir nun regelmäßig in die Meditation mit - aber als ihr positives Gegenstück.

Nehmen wir an, wir wollen den Jähzorn loswerden. Wir dürfen nun nie sagen: "Ich will nicht mehr jähzornig sein". Unser Unterbewußtsein "denkt" ja nicht in Worten, sondern in Bildern! Von dem Satz: "Ich will nicht mehr jähzornig sein", bleibt in unserem Unterbewußtsein das Bild des Jähzorns haften, und genau das Gegenteil wollen wir ja erreichen! Der Jähzorn soll aus unserem Unterbewußtsein verschwinden, so daß wir mit der Zeit gar nicht mehr wissen, wie man das eigentlich macht, jähzornig zu sein. Also nehmen wir genau das Gegenteil davon: "Ich bin ganz ruhig". Dabei dürfen wir uns dann wiederum keine Situation vorstellen, in der wir jähzornig werden, um dann zu denken, so will ich nicht mehr reagieren. Wir stellen uns vielmehr vor, wie wir uns in der entsprechenden Situation völlig ruhig verhalten.

Auch wäre es nicht richtig, wenn wir sagen würden: "Ich will in Zukunft ganz ruhig sein." Jeder unserer Gedanken sucht sich zu verwirklichen, und zwar sofort, und zwar umso mehr, je intensiver und je selbstverständlicher er ist. Ein vager Gedanke, ein "Vielleicht" oder ein "Ich probier's mal" oder auch ein "Morgen will ich's tun" hat nicht viel Gewicht. Wenn wir aber mit Nachdruck und Bestimmtheit sagen: "Ich bin ruhig", und wenn wir es uns dann noch intensiv vorstellen, wie wir in entsprechenden Situationen wirklich völlig ruhig und gelassen reagieren, dann hat das ein ganz anderes Gewicht, dann haben wir diesen Gedanken so machtvoll gemacht, daß seine Verwirklichung um einiges leichter fällt. Das sind zwei ganz wichtige und allgemein gültige Gesetze:

Erstens: Wir dürfen uns immer nur etwas Positives vorstellen. Wenn wir eine schlechte Eigenschaft loswerden wollen, dann stellen wir uns die entsprechende gegensätzliche gute Eigenschaft vor.

Zweitens: Bei allem, was wir erreichen wollen, müssen wir es uns immer so vorstellen, als ob es bereits Wirklichkeit wäre!

Nochmals einige Beispiele: Wenn jemand schüchtern ist, dann muß er sich eine Szene vorstellen, in der er sehr selbstbewußt auftritt. Bei Prüfungsangst stellen wir uns eine Prüfung vor, in der wir uns völlig ruhig, gelassen und überzeugend geben. Wer zu Angabe und Großspurigkeit neigt, stelle sich eine Gesellschaft vor, bei der er sich ganz im Hintergrund hält. Wenn wir jemanden nicht leiden können, dann stellen wir uns vor, daß er unser bester Freund ist und daß wir mit ihm einen herrlichen Tag verbringen.

Lassen Sie wieder Ihrer Phantasie völlig freien Lauf. Je intensiver, je plastischer, je echter wir uns etwas vorstellen, desto eher wird sich dieser Gedanke verwirklichen können. Auf diese Weise können wir allmählich unsere schlechten Eigenschaften loswerden und unsere guten vermehren. Aber wir müssen uns dabei Zeit lassen. Wir müssen liebevoll mit uns selber umgehen - falscher Ehrgeiz schadet nur. Wir sollten auch nie versuchen, mehrere Dinge auf einmal zu verwirklichen. Immer nur eines nach dem anderen.

Auf diese Weise lassen sich auch so hartnäckige Laster beseitigen wie Rauchen, Alkohol und vieles andere mehr, vorausgesetzt, wir wollen damit wirklich aufhören! Uns selbst beschummeln, das geht nicht. Und denken Sie daran, die Vorstellung "ab morgen rauche ich nicht mehr" bringt nicht viel. Es muß heißen: "Ich rauche nicht mehr!" Und noch etwas: Das Wichtigste, das wohl bei jedem von uns ganz oben auf der Liste stehen müßte, ist die Forderung: Nie einen anderen richten! Auch dann nicht, wenn er in unseren Augen noch so viele Fehler hat!

"Darum bist du unentschuldbar - wer du auch bist, Mensch -, wenn du richtest. Denn worin du den andern richtest, darin verurteilst du dich selber" (Röm 2,1).

Das Verzeihen ist das Allerwichtigste, das wir lernen müssen. Wir müssen einander verzeihen, *"damit wir nicht vom Satan überlistet werden; wir kennen seine Absichten nur zu gut" (2 Kor 2,11).*

Erinnern Sie sich noch an das Kapitel "Alles ist Schwingung"? Nachtragend sein, jemandem nicht zu verzeihen, das ist eine negative Schwingung, die Satan sofort wieder einen Ansatztpunkt bietet, *"uns zu überlisten"*.

Nehmen Sie dieses Kapitel sehr ernst. Für unser körperliches Wohlbefinden, aber auch für unser geistiges Weiterkommen, ist seelische Ausgeglichenheit, innere Ruhe, von allergrößter Bedeutung! Es ist wirklich so: Die meisten Krankheiten haben seelische Ursachen! "Halsstarrigkeit", auf sein Recht pochen und damit unnötig Feindschaften zu provozieren sowie den anderen stets ihre Fehler unter die Nase zu reiben, das mag zwar oberflächlich betrachtet dem Selbstwertgefühl dienen, in Wirklichkeit macht es aber unsere Seele kaputt. Nachgeben können, auch wenn wir im Recht sind, liebevolles Verstehen und Verzeihen, das zeichnet einen wahren Christen aus!

"Wer bei euch groß sein will, der soll euer Diener sein!" (Mt 20,26).

Selbstbewußtsein ist eines der heutigen Schlagworte. Meist wird es mit Überheblichkeit verwechselt. In Wirklichkeit sollen wir "unseres Selbstes" bewußt sein. Doch unser eigentliches Selbst, das ist Christus und wie Christus dieses "Selbstbewußtsein" einschätzt, hat er oft genug deutlich gemacht:

"Wer sich selbst erhöht, wird erniedrigt werden!" (Mt 23,12).

Vielfach gilt heute nur noch das Recht des Stärkeren. Selbstbewußtsein? Ja, aber es muß das "richtige" Selbst damit gemeint sein, unsere Mitte.

"Hütet euch davor, eines von diesen Kleinen zu verachten! Denn Ich sage euch: Ihre Engel im Himmel sehen stets das Angesicht Meines himmlischen Vaters."

(Math 18,10)

Wir können den Weg alleine gehen, wir können aber auch den mitnehmen, der schon immer unsichtbar unsere Wege leitet - unseren Schutzengel. Es ist heute in unserer aufgeklärten Zeit zwar nicht mehr üblich, an solche "Kindermärchen" zu glauben, doch haben die Dinge der geistigen Welt eines gemeinsam: auch wenn wir nicht daran glauben, es gibt sie trotzdem!

Die Existenz der Engel läßt sich genausowenig naturwissenschaftlich beweisen wie die Existenz Gottes. Jeder muß sie für sich selbst beweisen. Wenn wir unsere Augen aufmachen, erhalten wir unzählige Hinweise. Und wenn wir erst einmal angefangen haben, uns ganz bewußt der Obhut unseres Schutzengels zu übergeben und feststellen, wie zuverlässig er unsere Probleme löst, dann wird es uns vollends zur Gewißheit: die Engel sind Wirklichkeit. Das alte Testament ist voll von Hinweisen auf die Engel, speziell auch Schutzengel. Stellvertretend für alle stehen diese Zeilen aus dem Buch der Psalmen:

"Denn Seinen Engeln befiehlt Er um deinetwillen, dich zu behüten auf all deinen Wegen" (Psalm 91,11).

Auch Jesus spricht des öfteren von den Engeln, aber nie belehrend, Er erwähnt sie immer nur beiläufig. Denn zu Seiner Zeit waren Engel eine Selbstverständlichkeit, und niemand mußte sie beweisen! Auch nahezu alle Heiligen, Seher und Mystiker bezeugen die Existenz dieser großen Lichtwesen, ohne die eine Entwicklung der Menschheit nicht denkbar wäre.

Und wie oft haben wir uns schon gesagt: "Das ging wohl nicht mit rechten Dingen zu." Wie oft werden wir "ganz zufällig" aus großer Gefahr herausgeführt, wie oft finden wir "ganz zufällig" das, was wir auch mit langem Suchen vorher nicht finden konnten. Hinter all dem stehen meist unsere Engel!

Aber es gehört viel Liebe, viel Demut dazu, sich von ihnen leiten zu lassen. Stolz und Überheblichkeit, das Pochen auf die eigene Stärke, das Herausstellen eigener Verdienste bindet ihnen die Hände.

"Stolze Augen und übermütige Herzen ertrage Ich nicht", weiß schon König David in einem seiner Psalmen zu berichten (Psalm 101,5). Gott zwingt uns nicht zu unserem Glück! Wer den Weg alleine gehen will, dem zwingt Er Seine Engel nicht auf! Im Verborgenen wirken sie immer, und auch dem Ungläubigen wird ihr Segen zuteil. Die ganze Fülle ihres Wirkens kann jedoch nur der erfahren, der "Kind genug" ist, sich von seinem Engel an die Hand nehmen und führen zu lassen:

"Wenn ihr nicht umkehrt und wie die Kinder werdet, könnt ihr nicht in das Himmelreich kommen. Wer so klein sein kann wie dieses Kind, der ist im Himmelreich der Größte" (Mt 18,34).

Unsere Engel sind nicht unsere Herrscher und Beherrscher, sie sind unsere großen Brüder, unsere besten Freunde! Und so sollte auch unser Verhältnis zu ihnen sein: wie gute Freunde können wir uns mit ihnen unterhalten. Am besten lassen wir uns daher auf dem Weg zu unserem Lieblingsort immer von unserem Engel begleiten. Wir bleiben still und versuchen nur, seine Nähe zu spüren, seine Liebe zu erwidern. Bald wird uns seine Nähe so selbstverständlich sein, daß wir ihn auch im Alltag immer neben uns wissen. Je inniger, je intensiver der Kontakt zu ihm wird, desto besser kann er uns helfen.

Problemlösungen

Jeder von uns hat Probleme, jedem begegnen auf seinem Weg Schwierigkeiten. Ohne diese wären wir nicht in der Lage zu wachsen, und nur dazu sind wir hier: geistig zu wachsen, reifer zu werden, uns in die Liebe einzuüben und Gott darin näherzukommen, denn Gott ist Liebe. Abnehmen darf uns diese Probleme niemand, er würde uns ja damit die Möglichkeit zur Weiterentwicklung nehmen. Aber Gott weiß auch, daß viele dieser Probleme zu groß sind für uns, daß wir allein oft nicht durchfinden durch das Dickicht des Lebens. Deshalb hat Er jedem von uns einen Engel zur Seite gestellt, der uns nach Seinem Willen leiten und führen kann - wenn wir es ihm erlauben!

"So spricht Gott, der Herr: Siehe, Ich sende Meinen Engel, daß er vor dir hergehe, dich auf dem Weg behüte und dich an den Ort führe, den Ich bereitet habe. Achte auf ihn und höre auf seine Stimme! Glaube nicht, ihn mißachten zu dürfen!" (Ex 23,20 f).

Es gibt nichts, bei dem uns unsere Engel nicht helfen können! Kein Problem ist für sie zu groß oder zu winzig. Auch können wir ihnen nicht zuviel Arbeit machen. Sie sind immer für uns da. Doch wieviele müssen ein Leben lang schweigend neben ihren Schützlingen hergehen, verlacht und zur Märchenfigur abgestempelt! Geben Sie Ihrem Schutzengel eine Chance. Wir können all unsere Probleme mit ihm besprechen. Wir sollten ihn annehmen wie einen guten Freund - er ist es in Wirklichkeit ja auch. Wir müssen lernen, uns von ihm helfen zu lassen. Von seiner Warte aus lassen sich oft Wege finden, die uns verborgen bleiben. Wie oft wälzen wir ein Problem tagelang, wochenlang hin und her. Ständig geht uns das Für und Wider im Kopf herum, ohne daß unser Verstand in der Lage ist, einen Weg zu finden, sich richtig zu entscheiden.

Viel einfacher ist es, dieses Problem an unseren Schutzengel weiterzugeben und ihn zu bitten, daß er uns hilft, die richtige Lösung zu finden - und dann müssen wir dieses Problem aber vergessen! Das ist wichtig! Nicht "auf Nummer sicher" gehen wollen und "heimlich" doch dauernd hin- und herdenken. Wir müssen das Problem vergessen, offen bleiben für seine Eingebungen. Und plötzlich werden wir wissen, wie die Lösung aussieht. Aber hetzen dürfen wir nicht, wir müssen ihm Zeit lassen! Wir sind so furchtbar ungeduldig. Auch Geduld will gelernt sein.

Wir können in der Meditation Verbindung mit ihm aufnehmen. Wir stellen uns vor, wie er neben uns sitzt, wir reden mit ihm, er ist unser bester Freund! Je enger die Verbindung ist, die wir zu ihm aufbauen, desto besser kann er uns helfen. Wir müssen versuchen, in uns hineinzuhorchen. Oft sind seine Eingebungen das, was man als innere Stimme bezeichnet. Plötzlich wissen wir, das ist es, das muß ich tun. Seine Warnungen hingegen erscheinen oft als "Skrupel", und wir sollten lernen, darauf zu hören.

Wir können unseren Schutzengel immer zu Rate ziehen, bei wichtigen und bei unwichtigen Dingen: ob es um eine neue Stelle geht oder um ein Geburtstagsgeschenk, um eine neue Wohnung oder einen Freund. Wenn jemand unschlüssig ist, was er für einen Beruf ergreifen soll, oder wenn sich jemand "nur" ein neues Kleid kaufen möchte.

Er wird in der Schule helfen, bei Klassenarbeiten und im Beruf bei unserer Arbeit, bei der Kindererziehung, bei allem, was wir tun. Er kann uns auch helfen, einen Parkplatz zu finden in der überfüllten Stadt, wenn wir rechtzeitig und intensiv daran denken. Er ist immer bereit zu helfen, wir müssen ihn nur darum bit-ten. Wir sollten aber auch nicht vergessen, uns anschließend für seine Hilfe zu bedanken!

Das klingt nun wieder merkwürdig komisch für unseren "normal" denkenden Verstand. Aber denken wir daran: *"Wenn ihr nicht werdet wie die Kinder...!"* Probieren Sie es aus! Es funktioniert!

Unser freier Wille ist für Gott absolut unantastbar! Er zwingt uns nie zu etwas. Wer keine Hilfe will, dem zwingt Er sie nicht auf. Wer glaubt, ein aufgeklärter Mensch könne nicht mehr an Engel glauben, dem zwingt Er diese Einsicht nicht auf. Wer aber seine eigene Winzigkeit und Unzulänglichkeit erkennt, wer demütig die Beschränktheit seines Erdendaseins akzeptiert, der kann diese Hilfe dankbar annehmen; er wird sehr bald den Segen dieser Verbindung spüren.

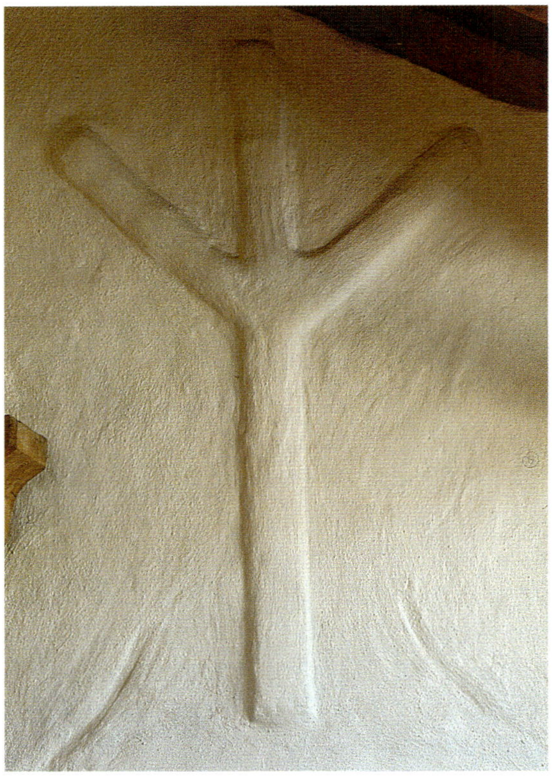

"Die Zweiundsiebzig kehrten zurück und berichteten voll Freude: Herr, sogar die Dämonen gehorchen uns, wenn wir Deinen Namen aussprechen. Da sagte Er zu ihnen: Ich sah den Satan wie einen Blitz vom Himmel fallen. Seht, Ich habe euch die Vollmacht gegeben, auf Schlangen und Skorpione zu treten und die ganze Macht des Feindes zu überwinden, und er wird euch in keiner Weise schaden können. Doch freut euch nicht darüber, daß euch die Geister gehorchen, sondern freut euch darüber, daß eure Namen im Himmel verzeichnet sind."

(Lk 10,17-20)

Abschirmung

Doch gibt es nicht nur Engel und gute Geister und gute Gedankenschwingungen. Auch der Teufel ist so wirklich wie Sie und ich, und viele Geistwesen zählen zu seiner Einflußsphäre. Das läßt sich nicht wegdiskutieren, schon gar nicht dadurch, daß wir einfach den Kopf in den Sand stecken nach dem Motto: Ich seh' dich nicht, so gibt's dich nicht. Wenn ich mit meinem Auto auf einen Baum zurase, nützt es mir gar nichts, wenn ich die Augen zumache und denke: Es gibt ja gar keinen Baum! Papst Johannes Paul II. sagte einmal: *"Der größte Erfolg des Teufels besteht darin, den Eindruck zu erwecken, daß es ihn nicht gibt."*

Zu jeder Zeit waren die dunklen Mächte eine absolute Selbstverständlichkeit. Wie oft hat Jesus Besessene geheilt, Dämonen ausgetrieben, vom Teufel gesprochen. Auch für die Pharisäer, die ja sonst an allem Anstoß genommen haben, war dies keine Frage. Erst der heutige "aufgeklärte" Mensch meint in seiner stolzen Überheblichkeit, gescheiter zu sein als alle vor ihm. Es gehört heute schon beinahe zum guten Ton, nicht mehr an einen Teufel zu glauben. Außerdem, wenn es ihn gäbe, dann müßte man ja viel vorsichtiger sein, man könnte nicht mehr so ungestört allen Vergnügungen nachgehen, die das Leben heute in solcher Fülle bietet. Und genau das ist der entscheidende Punkt! Vielfach wird der Teufel nämlich nur verdrängt, weil er unbequem ist. Von dieser Seite werden wir ständig bombardiert mit schlechten Einflüssen, negativen Schwingungen, bösen Gedanken. Diese Wesen ziehen uns zu den Lastern und Vergnügungen dieser Welt hin, die allesamt dazu dienen, unsere Einheit mit Gott zu stören. Aber wir sind ihnen nicht machtlos ausgeliefert. Angezogen werden sie nämlich von unseren eigenen schlechten Gedanken und negativen Gefühlen: Haß, Ärger, Vorwurf, Streit, Lieblosigkeit, sowie von schlechten Gewohnheiten, wodurch diese dann natürlich noch weiter verstärkt werden. Liebe, gute Gedanken und ein inniges Verhältnis zu Christus und unseren Engeln sind der beste Schutz.

In der Meditation müssen wir uns weit öffnen, um mit der geistigen Welt in Kontakt treten zu können. Angst braucht deshalb niemand zu haben, wir können uns ja vor der dunklen Seite schützen. Macht über die bösen Geister hat Christus jedem gegeben, der glaubt und in Seinem Namen diesen Mächten Einhalt gebietet. Angst brauchen wir keine zu haben! Aber wir dürfen auch nicht wie ein blindes Huhn dem Teufel in die Arme laufen und uns von ihm an der Nase herumführen lassen.

Am Anfang jeder Meditation, nachdem wir mit Hilfe der Atmung eine gewisse "Tiefe" erreicht haben, sollten wir uns daher abschirmen. Eng verwandt mit der Liebe ist das Licht. Seine Strahlen können alles Negative abhalten. Wir stellen uns hierzu ein Kreuz vor aus hellem, kristallklarem Licht, das mitten in uns drin steht. Es strahlt so intensiv nach außen, daß nichts Böses, nichts Negatives mehr an uns herankommt. Seine Strahlen legen einen Wall um uns herum, der für alles Dunkle absolut undurchdringlich ist. Aber es ist nicht nur ein gewöhnliches Kreuz. Das läßt sich, wie ja beispielsweise im Dritten Reich geschehen, sogar für die Ziele Satans mißbrauchen. Nein! Es ist kein normales Kreuz! Es ist das Kreuz Jesu Christi! Er hat uns erlöst. Und Ihn müssen wir uns an dem Kreuz vorstellen. Nicht tot, wie es so oft zu sehen ist, nein, als Sieger, die Arme hoch erhoben zum Himmel gestreckt. Er hat uns erlöst, Er hat das Böse besiegt, Er hat gewonnen! Er ist es, von Dem das Licht ausgeht, Er ist es, Dessen Licht aus uns heraus, durch uns hindurchstrahlt und alle Schatten, alles Dunkle von uns fernhalten kann.

Lange schon, bevor das Christentum in Deutschland heimisch wurde, haben die Germanen die Wirkung des himmelwärts gerichteten Kreuzes gekannt. Es ist die sogenannte Man-Rune, sie galt als eines der mächtigsten Schutzzeichen.

Für die Abschirmung können Sie etwa folgende Worte verwenden: "Im Namen Jesus Christus befehle ich allen bösen Geistern, Teufeln und Dämonen, allen negativen Wesenheiten und Schwingungen: Geht, verlaßt mich, verlaßt . . . (meine Kinder, Frau, Mann, Freunde usw.). Wiederholen Sie diesen äußerst wirksamen Befehl dreimal. Das zweite Mal im Namen Gottes, des allmächtigen Vaters, das dritte Mal vielleicht im Namen der allerseligsten Jungfrau Maria, der hl. Erzengel Michael und Raphael und meines (unseres, ihrer) Schutzengel. Schirmen Sie so alle Menschen ab, die Ihnen am Herzen liegen oder mit denen Sie zusammenkommen. Etwa so: Alle Freunde, Verwandte und Bekannte, alle, die mir anvertraut sind und für die ich Sorge zu tragen habe, alle . . . (Angestellten, Vorgesetzten, Kunden, Patienten usw.), alle, die mir jemals etwas Gutes getan haben und alle, denen ich jemals etwas schuldig geblieben bin, ganz besonders auch alle meine Feinde!! Anschließend lassen Sie noch alle von Jesus segnen.

Für diese Abschirmung sollte jeden Morgen und jeden Abend Zeit sein. Aber nicht nur die dunklen Mächte können wir hiermit von uns fernhalten, auch Strahlungen, die für uns schädlich sind: Erdstrahlen, Mikrowellen, Hochfrequenzstrahlungen von Radar und Funk, elektromagnetische Strahlungen von Fernseh-, Bildschirm- und anderen elektronischen Geräten, sogar Röntgen- und radioaktive Strahlen werden dadurch gemildert!

So wie dadurch Schlechtes von uns ferngehalten wird, so wirkt dieses Licht-Kreuz auch als Sog für alles Gute. Gute Strahlungen und Schwingungen strömen in uns hinein. Engel und gute Geister Gottes fühlen sich zu uns hingezogen und stehen uns helfend zur Seite. Wie bereits erwähnt, ist dieses Kreuz das Wichtigste. Es segnet, heilt, schützt, hilft. Wenn wir uns angewöhnen, es stets zu "gebrauchen", dann sind wir jeder Situation gewachsen, uns kann nichts mehr passieren.

"Als Er in ein Dorf hineingehen wollte, kamen Ihm zehn Aussätzige entgegen. Sie blieben in der Ferne stehen und riefen: Jesus, Meister, hab Erbarmen mit uns! Als Er sie sah, sagte Er zu ihnen: Geht, zeigt euch den Priestern! Und während sie zu den Priestern gingen, wurden sie rein. Einer von ihnen aber kehrte um, als er sah, daß er geheilt war; und er lobte Gott mit lauter Stimme. Da sagte Jesus: Es sind doch alle zehn rein geworden. Wo sind die übrigen neun? Ist denn keiner umgekehrt, um Gott zu ehren, außer diesem Fremden? Und Er sagte zu ihm: Steh auf und geh! Dein Glaube hat dir geholfen."

(Lk 17,11-19)

Dankgebet

Den Abschluß jeder Meditation sollte ein Dankgebet bilden. Es ist nicht selbstverständlich, daß wir in der Meditation in Kontakt mit der geistigen Welt treten dürfen und daß sie uns helfend zur Seite steht, ja es ist nicht einmal selbstverständlich, daß wir überhaupt meditieren dürfen. Wir sollten es demütig als Geschenk der Gnade Gottes betrachten und dafür auch einige Worte des Dankes finden, für Gott und unseren Engel. Überhaupt sollte uns das "Danke" viel öfter und selbstverständlicher von den Lippen kommen. Doch auch wenn es ums Beten geht, sind wir oft große Egoisten. Wir bitten um alles mögliche, um jede Kleinigkeit. Wie wenn ein allmächtiger Gott nicht besser wüßte, was wir brauchen - und zwar, was wir wirklich brauchen, nicht das, wovon wir meinen, daß wir es bräuchten! Wir können auch lernen, nicht nur für das Schöne im Leben zu danken. Wir sollten gerade auch für das danken, was uns mißlungen ist, für Enttäuschungen, Trauer und Leid. Alle Großen dieser Welt sind sich einig: Nicht das Schöne, nicht das Glück hat sie in ihrer Entwicklung vorangebracht, es sind immer Enttäuschung, Krankheit und "Unglück", die uns weiterbringen auf dem Weg zu Gott! Wenn wir das gelernt haben: Für alles, wirklich alles(!) stets aus ganzem Herzen zu danken, dann ist die Erde für uns zum Paradies geworden.

"Wer von euch kann mit all seiner Sorge sein Leben auch nur um eine kleine Zeitspanne verlängern? Wenn ihr nicht einmal etwas so Geringes könnt, warum macht ihr euch dann Sorgen um all das übrige?"

(Lk 12,25 f)

Auftauchen

Am Ende der Meditation müssen wir uns wieder herauslösen aus der Stille des Geistes, müssen auftauchen aus dem Ozean der Ruhe. Oft fällt es schwer, diesen Zustand der Harmonie zwischen Geist und Körper aufzugeben. Wir müssen einen Weg finden, der uns einen weichen Übergang zum Normalzustand ermöglicht. Dafür gibt es aber kein Patentrezept. Zu unterschiedlich sind unsere Temperamente, zu unterschiedlich auch die Eindrücke, die wir in der Meditation aufnehmen.

Wir wollen hier mehrere Möglichkeiten anbieten, wobei jeder selbst entscheiden muß, welche für ihn die richtige ist. Es wird auch nicht immer gleich sein, wir müssen uns nach unseren jeweiligen Möglichkeiten und nach der Qualität der jeweiligen Meditation richten und uns vom Augenblick leiten lassen.

Eines sollte immer gleich sein: Bevor wir die Augen öffnen, gehen wir kurz unseren Tagesablauf durch und nehmen uns vor, alles ganz ruhig anzugehen. Wir bitten Christus und unseren Schutzengel um die nötige Kraft und Hilfe und bitten sie darum, uns bei bestimmten schwierigen Dingen ganz besonders zur Seite zu stehen.

Anschließend atmen wir einige Male ganz tief und bewußt kräftig durch und öffnen dann die Augen. Meist ist durch die Entspannung der Blutdruck etwas abgesunken. Wenn wir jetzt allzu plötzlich aufspringen, kann mit 2 Minuten Verspätung Schwindel bis zum Kreislaufkollaps auftreten. Wir bleiben daher mit geöffneten Augen noch 1-2 Minuten still sitzen und beginnen dann langsam, Arme und Beine wieder zu bewegen und so unsere "Lebensgeister" (die des Körpers, denn der Geist ist ja wacher als je zuvor!) allmählich wieder zu wecken.

Wenn Sie bereits dadurch wieder hell wach sind, dann räumen Sie ruhig ihren Platz auf und beginnen in dieser Ruhe Ihre Arbeit. Oder Sie stehen auf, lassen sich aber noch ein bißchen Zeit, bevor Sie wieder zu arbeiten anfangen. Vielleicht lesen Sie ein gutes Buch, hören Musik oder frühstücken in aller Ruhe. Wenn es möglich ist, tun Sie das, was Sie gerne tun. Wir müssen versuchen, die Schwingung, die wir während der Meditation angenommen haben, zu erhalten. Wir dürfen sie nicht durch Hektik und Sorgen wieder kaputtmachen, auch dann nicht, wenn wir gleich wieder voll in die Arbeit einsteigen müssen. Ruhe vermag in der Regel alle Arbeiten besser auszuführen und alle Probleme besser zu lösen als Nervosität und Streß.

In der Meditation ruhen wir in uns selber, im Idealfall in Christus. Doch Meditation ist nicht unser Leben! Wir müssen uns im Alltag bewähren, müssen zeigen, daß wir in der Lage sind, unser Kreuz zu tragen. Wir sollten versuchen, soviel wie möglich aus der Meditation hinüberzuretten in die Welt, der Hektik des Tages die Kraft und Ruhe der Meditation entgegenzusetzen. Wie wir uns in der Meditation auf das Wesentliche konzentriert haben, so sollten wir uns auch im Alltag auf das Wesentliche konzentrieren und uns nicht mit unnötigen Dingen belasten, uns keine unnötigen und unwichtigen Sorgen aufladen. Lassen Sie Kleinigkeiten klein sein, es lebt sich leichter damit!

"Gott hat nie jemand geschaut. Der Eingeborene, Der Gott ist, Der im Schoße des Vaters ist, Er brachte uns die Offenbarung."

(Joh 1,18)

V. Anleitungen zur Meditation

Übungsablauf

1. Vorbereitungen

Wichtig ist eine natürliche und lockere Kleidung. Alle einengenden Kleidungsstücke, Uhren und Schmuck legen wir ab. Wir bereiten unsere Umgebung vor, räumen unsere Meditationsecke bzw. unseren Meditationsplatz auf, schmükken ihn mit Teppich, Kerzen, Bildern usw. Dann benötigen wir noch Kissen bzw. Hocker oder Stuhl. Wir schalten die technischen Geräte ab. Wir sorgen für Ruhe, schalten die Türklingel ab, stellen das Telefon leise und decken es mit einem Kissen zu. Zuletzt öffnen wir noch das Fenster, hüllen uns gegebenenfalls in eine Decke ein und nehmen eine bequeme Sitzhaltung ein.

2. Entspannung (1 - 5 Minuten)

Wir schließen die Augen und beginnen, bewußt, tief und gleichmäßig im Kreis zu atmen. Dabei stellen wir uns das Riesenrad vor. Nach einigen Minuten Konzentration auf die Atmung lassen wir den Atem durch den ganzen Körper vom Kopf bis in die Fußspitzen fließen und entspannen dadurch unsere Muskeln. Anschließend schalten wir unsere Ohren ab, verpacken unsere Probleme in den Ball und werfen ihn weit weg.

3. Abschirmung (2 Minuten)

Wir stellen ein Lichtkreuz in uns hinein, ein Kreuz aus hellem, kristallklarem Licht. Sein Zentrum ist unser Herz. Wir stellen uns vor, wie seine Strahlen alles Böse von uns wegdrängen und alle negativen Strahlungen und Einflüsse abhalten. Gleichzeitig zieht es alle guten Einflüsse und guten Geister Gottes zu uns hin. Den bösen Mächten befehlen wir im Namen Jesu Christi, uns in Ruhe zu lassen und uns nicht zu schaden.

4. Der Weg zur Mitte (2 Minuten)

Nun müssen wir unsere Gedanken zum Schweigen bringen und langsam und ruhig zu unserem Lieblingsort "gehen". Wir nehmen dazu ganz bewußt unseren Schutzengel mit. Wir stellen uns vor, wie wir bei jedem Schritt ruhiger werden und unser Bewußtsein immer mehr in Richtung Herz absinkt.

5. Christus ist unsere Mitte (5 Minuten bis . . . ?)

Wenn wir an unserem Lieblingsort angekommen sind, lassen wir ihn kurze Zeit auf uns einwirken; und dann stellen wir uns vor, wie Christus zu uns kommt. Wir sagen Ihm, daß wir Ihn lieben, daß Er Sich auf uns verlassen kann. Wir beten zu Ihm und lassen uns von Seiner Schwingung, von Seiner Liebe einhüllen. Wir sollen uns in ihr geborgen fühlen und soviel Zeit mit Ihm verbringen, wie uns möglich ist.

6. Energie aufnehmen (5 Minuten)

Nun nehmen wir ganz bewußt die Energie auf, die von Ihm ausgeht. Wir füllen unsere Chakras auf, indem wir beim Einatmen Energie in den Kopf einströmen lassen und beim Ausatmen die

Wirbelsäule entlang an die einzelnen Chakras verteilen. Wir beginnen mit dem untersten Chakra sieben Atemzüge lang, dann kommt das nächste, bis alle "voll" sind.

7. Heilungsenergie (5 Minuten)

Wir nehmen beim Einatmen Energie auf und leiten sie beim Ausatmen an die Körperstelle, die wir heilen möchten. Wir verlegen unser Bewußtsein in diese Stelle hinein und "reparieren" den Schaden mit unserer Phantasie. Jede Heilung schließen wir mit dem Lichtkreuz ab.

Genauso heilen wir auch unseren seelischen Bereich. Wir stellen uns unsere Angst, Depression usw. vor und lassen diese Energie solange darauf einwirken, bis unser Problem aufgelöst ist.

8. Seelenspiegel (3 Minuten)

Die Eigenschaft, die uns am meisten stört, nehmen wir uns zuerst vor. Wir stellen uns dann das positive Gegenstück davon vor und entsprechende Situationen, in denen wir uns so verhalten, wie wir es gerne möchten.

9. Problemlösungen (5 Minuten)

Wir besprechen unsere Probleme mit unserem Schutzengel. Wir geben sie ihm hoch - und vergessen sie dann! Wir müssen lernen, selber leise zu werden und auf seine Eingebungen zu hören, seine Gegenwart zu spüren. Wir bitten ihn für diesen Tag um seinen Schutz. Wir besprechen den Tagesablauf mit ihm und bitten ihn, an den "kritischen Punkten" besonders auf uns achtzugeben. Zum Schluß bedanken wir uns bei ihm für seine Liebe und Fürsorge.

10. Dankgebet (3 - 5 Minuten)

Wir bedanken uns aber auch für die Meditation und die Hilfe bei Gott und übergeben uns Seinem Willen: "Dein Wille geschehe."

11. Auftauchen (2 - 3 Minuten)

Einige Male tief durchatmen, die Augen öffnen und Arme und Beine bewegen. Dabei richten wir uns nach unserer jeweiligen Stimmung und unseren zeitlichen Möglichkeiten.

12. Nach der Meditation

Wir müssen lernen, die innere Ruhe, die wir in der Meditation erreicht haben, den ganzen Tag über zu bewahren. Auf keinen Fall dürfen wir uns gleich wieder in Hetze und Streß stürzen. Wir machen alles, was wir tun, ruhig und langsam, nie zwei Sachen auf einmal und bei allem, was wir tun, sind wir voll konzentriert!

Hinweise für den Anfang

Die Zeitangaben sind nur als ganz grobe Richtschnur für den Anfang gedacht. Auf keinen Fall auf die Uhr schauen! Wenn wir zu einer bestimmten Zeit aufhören müssen, dann stellen wir uns eben kurz davor einen Wecker. Variieren Sie die einzelnen Punkte ganz nach Ihren Bedürfnissen. Vielleicht brauchen Sie das eine Mal für die Heilung mehr Zeit, wenn beispielsweise eine Erkältung im Anzug ist, das andere Mal stehen vielleicht seelische Probleme im Vordergrund, das dritte Mal wollen Sie vielleicht mehr beten.

Am Anfang benötigen die technischen Probleme mit Atmung und Gedankenstille meist viel Zeit, so daß das ganze Programm zu umfangreich ist. Deshalb üben wir zunächst nur die Atmung für etwa 5 Minuten, indem wir uns ganz auf den Bewegungsablauf und das Riesenrad konzentrieren. Wenn wir nach einiger Zeit die Atmung beherrschen, dann üben wir die Entspannungsatmung und erst, wenn wir diese beherrschen, auch die Energieatmung. Anschließend üben wir für etwa 5 Minuten die Gedankenstille, wie in Teil II, Abschnitt "Gedankenstille" beschrieben. Dann gehen wir an unseren Lieblingsort und lassen uns Zeit zum Eingewöhnen. Wir suchen uns noch einen oder zwei der Punkte 5 - 9 heraus, am besten abwechselnd und enden dann mit dem Dankgebet.

Am Anfang ist eine halbe Stunde auf jeden Fall ausreichend. Wir müssen ja zuerst lernen, die Konzentration durchzuhalten. Später können wir dann je nach Möglichkeit länger meditieren. Die Zeitangaben bei den einzelnen Punkten sind als Mindestzeiten gedacht. Nach oben sind keine Grenzen gesetzt. Wir dürfen uns nicht über Gedankenunterbrechungen ärgern. Wir schicken sie einfach wieder weg, sobald wir diese Gedanken bemerken. Wir dürfen auch nicht zuviel von uns selber fordern. Je selbstverständlicher uns alles wird, desto mehr Punkte können wir in unser Programm aufnehmen, bis es eines Tages komplett ist. Wir dürfen nichts überstürzen und auf gar keinen Fall irgendwelche Hektik in die Meditation hineinbringen. Und denken Sie an das Prinzip des Rhythmus: regelmäßig wenig ist mehr als ab und zu viel!

"Bleibt in Mir, dann bleibe Ich in euch. Wie die Rebe aus sich keine Frucht bringen kann, sondern nur, wenn sie am Weinstock bleibt, so könnt auch ihr keine Frucht bringen, wenn ihr nicht in Mir bleibt. Ich bin der Weinstock, ihr seid die Reben. Wer in Mir bleibt und in wem Ich bleibe, der bringt reiche Frucht; denn getrennt von Mir könnt ihr nichts vollbringen."

(Joh 15,5 f)

Kleine Morgenmeditation

Nach Möglichkeit sollten wir morgens früh das komplette Programm durchmeditieren. Erstens sind wir gleich nach dem Aufstehen am ruhigsten, wir wurden noch nicht durch andere Dinge abgelenkt und können uns so in der Regel am besten konzentrieren.

Zweitens steht uns so die Ruhe und der innere Frieden, den wir in der Meditation herstellen, anschließend den ganzen Tag über zur Verfügung. Wer jedoch morgens aus irgendeinem Grund nicht so lange Zeit hat oder nicht so gut meditieren kann, dem sei dafür die folgende Abkürzung empfohlen:

Meistens ist man, wenn man aus dem Bett kommt, entspannt, so daß wir schon nach wenigen Atemzügen zur Abschirmung übergehen können. Dann gehen wir zu unserem Lieblingsort und unterhalten uns mit Christus, beten und laden uns mit Energie auf. Das ist für den Morgen ein wichtiger Punkt, damit wir tagsüber genügend Kraft und Reserven haben. Anschließend sollten wir den Tagesablauf mit unserem Engel besprechen, ihm danken und ihn bitten, uns heute wieder zu führen und zu schützen. Nach einem kurzen Dankgebet sind wir gerüstet für den Alltag. Notfalls genügen schon 15 Minuten.

"Es gibt keinen guten Baum, der schlechte Früchte hervorbringt, noch einen schlechten Baum, der gute Früchte hervorbringt. Jeden Baum erkennt man an seinen Früchten. Von den Disteln pflückt man keine Feigen, und vom Dornstrauch erntet man keine Trauben. Ein guter Mensch bringt Gutes hervor, weil in seinem Herzen Gutes ist; und ein böser Mensch bringt Böses hervor, weil in seinem Herzen Böses ist. Wovon das Herz voll ist, davon spricht der Mund. Was sagt ihr zu Mir: Herr! Herr!, und tut nicht, was Ich sage?"

(Lk 6,43-46)

Kurzmeditation

Solange wir noch keine "absoluten Profis" sind, wird es uns nur selten gelingen, mit der morgendlichen Meditation über die Runden zu kommen. Es wird schon eine Weile dauern, bis wir in der Lage sind, auf einmal soviel Energie zu tanken. Oft entstehen tagsüber Situationen, wo man merkt, jetzt gelangst du an deine Grenze, jetzt bist du gleich (mit deinen Nerven) am Ende. In diesem Fall ziehen wir uns kurz zurück, stellen uns mit beiden Beinen fest auf den Boden, die Arme leicht vom Körper abgespreizt, die Handflächen nach vorne - oben. Dann "Kreisatmung" und Energieholen. Chakras aufladen. Je nachdem, wie lange wir Zeit haben, kann dies auch ein "Schnelldurchgang" sein mit nur einem Atemzug pro Chakra. Anschließend stellen wir das Lichtkreuz in uns hinein, das alles Negative von uns fern hält. Es hüllt uns in die Schwingung Gottes, verbindet uns wieder mit unserer Quelle! Mit minimalem Zeitaufwand von etwa zwei Minuten können wir uns hiermit optimal ausgleichen und maximal Energie schöpfen.

Wir können diese Kurzmeditation so oft wiederholen, wie wir wollen. Hier gilt auch wieder - wie praktisch überall - das Prinzip des Rhythmus. Wir vergessen sehr leicht, was wir uns nicht fest angewöhnen. Vielleicht machen wir es uns zur Regel, jede Stunde einmal! Wir können uns nie mit Energie überladen! Das ist nicht möglich! Man braucht sich auch nicht immer zurückziehen. Bei jedem neuen Kontakt mit einem Mitmenschen können wir uns kurz ein Lichtkreuz zwischen uns beiden vorstellen, können uns vorstellen, wie es uns beide mit Energie versorgt und können damit ganz bewußt unsere Begegnung, unser Gespräch, unsere Arbeit unter den Schutz und unter den Segen Gottes stellen. Das gilt auch für jede Arbeit, die wir beginnen, letztlich für alles, was wir tun. Übrigens: Eine gute Gewohnheit ist es, wenn wir jemandem begegnen oder mit jemandem zu tun haben, stets zuerst seinen Schutzengel zu begrüßen. Ein böses Wort oder ein böser Gedanke fällt dann nicht mehr so leicht.

Je nach Zeit und Möglichkeit und entsprechend unseren eigenen Verhältnissen können wir diese Kurzmeditation auch ausbauen, indem wir uns z.B. an unseren Lieblingsort begeben, oder wir lassen Heilungsenergie fließen, wenn wir Schmerzen haben, oder wir besprechen ein Problem mit unserem Schutzengel oder was uns sonst wichtig erscheint. Wir müssen variabel sein und uns unserem jeweiligen Befinden und der jeweiligen Situation anpassen.

Ein Endziel sollte sein, daß wir bei jeder Arbeit, bei allem, was wir tun, meditieren können und wir uns damit ständig in "unserer Mitte" befinden. Das nimmt uns unnötige Gedanken weg, verbessert unsere Konzentration und steigert über die Energieatmung ganz entschieden unsere Leistungsfähigkeit und unsere Gesundheit. Von der Kurzmeditation sollte somit ein fließender Übergang bestehen zur "Meditation im Alltag" (siehe dort).

"Wachet und betet, damit ihr nicht in Versuchung geratet. Der Geist ist willig, aber das Fleisch ist schwach."

(Mk 14,38)

Abendmeditation

Die Gestaltung der Abendmeditation hängt von zwei Dingen ab: erstens von unseren Einschlafgewohnheiten und zweitens von der verfügbaren Zeit.

Nehmen wir zunächst an, das Einschlafen sei problemlos. Dann setzen wir uns am besten vor dem Zubettgehen entweder im Yogasitz ins Bett oder auf einen Stuhl davor, wie wir's gewohnt sind. Dann beginnen wir zu atmen (Kreisatmung), uns mit Energie aufzuladen und richten dann unsere Gedanken auf Christus. Wir besprechen mit Ihm, was wir heute nicht richtig gemacht haben und was wir noch verbessern können, wir übergeben Ihm alles, was nicht richtig war. Er ist in der Lage, unsere Fehler auszumerzen, Verletzungen zu heilen, die wir anderen zugefügt haben, wenn wir Ihn darum bitten. Anschließend stellen wir das Lichtkreuz in uns hinein. Wir sollten uns noch mit unserem Schutzengel unterhalten und ihm danken. Je nachdem, wie müde wir sind, können wir beliebig viele Abschnitte der normalen Meditation anschließen.

Nun kommt noch etwas ganz Wichtiges: Unser Körper schläft zwar nachts, und unser Wachbewußtsein ist ausgeschaltet, aber unser Geist ist gerade dadurch, daß der Körper "endlich mal Ruhe gibt", noch aktiver als am Tag. Unser Geist ist immer wach, er braucht keine Ruhepause. Oder wie der Heilige Augustinus sich ausdrückt: *"Die Seele steht über dem Körper, sie existiert unabhängig und räumlich getrennt von ihm und freut sich über den Schlaf, der ihr nur den Gebrauch des Körpers, nicht aber ihr eigenes Leben raubt".* Oft ist unser Geist nachts "unterwegs". Wir treffen uns mit Freunden und Bekannten oder mit Menschen, die gerade an denselben Problemen arbeiten wie wir. Die meisten großen Erfindungen werden *im Traum* gemacht, und viele große Erfinder und Denker geben freimütig zu, die Lösung geträumt zu haben! Das ist auch ein Grund, warum viele Erfindungen völlig unabhängig voneinander von verschiedenen Leuten nahezu gleichzeitig gemacht werden. Nachts trennen uns keine Kontinente, ja nicht einmal Welten!

Unser rationaler, mechanistischer Verstand verweist diese Dinge schnell ins Reich des Märchens, er hat ja keine Sinnesorgane, um sie zu überprüfen. Nur mit unserem Gefühl können wir in diese Welt eindringen. Es gibt aber auch Menschen, die diese Dinge bewußt erleben können, deren Wachbewußtsein nicht so komplett ausgeschaltet ist, wie dies normalerweise der Fall ist. Und wenn wir daran gehen, die geistigen Dinge unvoreingenommen zu prüfen, können wir viele Zeichen finden, die in die richtige Richtung weisen. Es gibt Situationen, wo man plötzlich aufwacht, unfähig, sich zu bewegen und ohne zu wissen, "was los ist". Das kommt daher, daß unser Geist weit weg war und nun plötzlich in den Körper zurückkehren muß, der aus irgendeinem Grund erwacht ist, und nun dauert es noch einige Sekunden, bis unser Geist die Kontrolle wieder übernommen hat.

"Lasset die Kinder zu Mir kommen, und wehret es ihnen nicht; denn für solche ist das Reich Gottes." (Mk 10,14)

Meditation für Kinder

Meditation ist kein Privileg für Erwachsene. Im Gegenteil! In Indien ist es selbstverständlich, daß Kinder schon sehr früh meditieren. Gerade heute in unserer hektischen, unruhigen und lauten Welt haben es die Kinder besonders schwer. Kinder brauchen vor allem auch Ruhe, um sich ungestört entwikkeln zu können. Sie sind meist nicht in der Lage, die heutige Reizüberflutung zu verkraften. Stellt die Schule schon hohe Anforderungen, so geht für viele der "Streß" erst in der Freizeit richtig los. Fernsehen, Video, Tonbandkassetten, Rockmusik lenken die Entwicklung des Kindes in völlig ungeordnete Bahnen. Wieviele Kinder leiden heute an Nervosität, Konzentrationsstörungen, häufig auch Schlafstörungen!

Das sind seelische Störungen und keine Krankheiten im eigentlichen Sinn, und kein Arzt, kein Medikament kann sie heilen, höchstens die Symptome überdecken. Unmengen von Spielzeug und oft randvolle Terminkalender nehmen den Kindern die Möglichkeit, sich in Ruhe auf eine Sache zu konzentrieren. Dazu kommen dann noch die direkten schlechten Einflüsse und Leitbilder vieler Sendungen, Tonbandkassetten, Comic- und anderer Kinderhefte.

Verhaltensstörungen, Egoismus, Maßlosigkeit und Lieblosigkeit prägen viele unserer Kinder. Kinderpsychologie ist eine vielbeschäftigte eigene Fachrichtung geworden. In den USA muß sich bereits jedes dritte Kind in psychiatrische Behandlung begeben!

Wir können unsere Kinder heute nicht mehr als Einsiedler erziehen, aber mit einer bewußten Beschränkung auf das Wichtige und Nötige und Gute und vor allem mit unserem Vorbild und unserer Liebe können wir unsere Kinder zu echten Christen erziehen. Einschränkung bedeutet in diesem Falle nicht weniger, sondern mehr! Was wäre wohl aus Christus geworden, wenn er heute von modernen, "weltoffenen" Eltern antiautoritär erzogen worden wäre, als Einzelkind im Überfluß erstickend? Für uns gestorben wäre er dann bestimmt nicht!

Kinder brauchen einen Halt, etwas, woran sie sich festhalten können, wenn die Umwelt sie fortzuspülen droht. Sie brauchen uns, unsere Liebe, unser Vorbild, und sie brauchen Jesus! Ein Kind vermag mit einer Inbrunst zu beten, von der wir Erwachsene nur träumen können. Ein Kind kann in der Meditation all das finden, wonach es draußen vergeblich sucht: Ruhe, Frieden, Zeit für sich selber und den Halt in Christus. Führen Sie Ihr Kind in die Meditation ein! Sie werden erstaunt sein, wie schnell es lernt! Unterstützen Sie es mit Geschichten und mit Bildern! Mit einem abstrakten Gott kann ein Kind wenig anfangen. Erzählen Sie ihm von Jesus! Machen Sie Ihn zum Freund Ihres Kindes, nicht zum großen Weltenrichter, der es in die Hölle wirft, wenn es nicht gehorcht! Erzählen Sie ihm von seinem Schutzengel. Erzählen Sie ihm, was er alles macht und kann, und lassen Sie Ihr Kind in ihm einen großen tollen

Bruder sehen, mit dem man alles besprechen kann, der einem bei allem hilft und einem nie böse ist. Als Kinderprogramm halten wir folgende Zusammenstellung für geeignet:

1. Atmung und Entspannung. Indem sich ein Kind auf die Atmung konzentriert, stellt es automatisch auch schon die Gedankenruhe her.

2. Probleme und Sorgen in einen Ball packen! Das fällt den Kindern sehr leicht.

3. Lichtkreuz aus hellem Licht in sich hineinstellen. Die Vorstellungskraft der Kinder ist viel größer als bei uns Erwachsenen, außerdem sind sie viel unkomplizierter, so daß sie sich bei allem viel leichter tun.

4. Anschließend soll das Kind mit seinem Schutzengel zu seinem Lieblingsplatz gehen, dort mit seinem Schutzengel reden und mit Jesus. Es soll alle seine Probleme mit ihnen besprechen. Es soll mit seinen eigenen Worten beten.

5. Energie aufnehmen, genauso, wie wir es selber auch machen.

6. Es soll sich dann noch eine bestimmte Eigenschaft vornehmen, die es entweder loswerden oder erreichen will: Nervosität, Schüchternheit, Streitsucht, Vorlautsein oder Konzentration in der Schule usw. Aber immer nur eines!

7. Anschließend ein kurzes Danke und wieder auftauchen!

Meditieren Sie ab und zu gemeinsam mit ihm, das erfüllt das Kind mit Stolz und spornt an.

Auch für die Meditation gelten die üblichen Grundsätze der Kindererziehung: Erziehung muß immer identisch sein mit dem, was man selber tut. Erziehung ist ein aussichtsloses Unterfangen, wenn nicht gleichzeitig dem Kind die Ideale vorgelebt werden. Es gibt heute unzählige Erziehungsbücher, die alle eines gemeinsam haben: Sie taugen gar nichts, wenn wir unseren Kindern keine Vorbilder sind, wenn wir ihnen die Ziele nicht vorleben. Und wenn wir unseren Kindern stets mit gutem Beispiel vorangehen, dann können wir auf die meisten Bücher getrost verzichten.

Und genauso verhält es sich mit der Meditation. Es wäre sicherlich möglich, ein ganzes Buch nur mit Anleitungen zur Kindermeditation zu schreiben, doch viel einfacher und gleichzeitig auch viel effektiver ist es, wenn wir unsere Kinder immer wieder mitmeditieren lassen. Wir stellen dabei ein ihrem Alter und Entwicklungsstand entsprechendes Programm zusammen und meditieren dieses *laut* mit unseren Kindern. Wir brauchen dabei nichts Besonderes zu überlegen. Wir sagen einfach das, was wir gerade denken. Das ist auch für uns eine gute Schule, denn wir sind ja genauso Kinder, Kinder Gottes, und so sollten wir uns mit unseren Kindern immer unterhalten, nicht wie Religionswissenschaftler, nicht wie Gelehrte, nicht wie Philosophen, nein!: *"Wenn ihr nicht werdet wie die Kinder . . ."*

"Darum sage Ich euch: Macht euch nicht Sorge für euer Leben, was ihr essen oder trinken, noch für euern Leib, was ihr anziehen werdet. Ist nicht das Leben mehr als die Speise und der Leib mehr als die Kleidung? Suchet zuerst Sein Reich und Seine Gerechtigkeit, und dies alles wird euch dazugegeben werden. Macht euch daher nicht Sorge für den morgigen Tag; denn der morgige Tag wird für sich selber sorgen. Jedem Tag genügt seine Plage." (Mt 6,25 und 33f)

Kinder machen alles, was sie tun, ganz, mit vollem Einsatz, mit all ihren Gedanken. Auch wir sollten versuchen, zu werden „wie die Kinder".

VI. Christliche Meditation ist mehr

Meditation im Alltag

Wir können mit der Ruhe der Meditation alle Probleme des Alltags leichter lösen, als wenn wir uns von ihnen anstecken lassen und Hetze und Streß die Führung übernehmen. Wir müssen lernen, nicht in unseren Problemen zu versinken, sondern versuchen, sie als Außenstehender zu betrachten. Es sind ja auch gar nicht unsere Probleme. Es sind lediglich die Probleme unseres Körpers! Wir, das ist unsere Geistseele! Kein Problem, kein Schmerz, absolut nichts in dieser Welt kann unseren ewigen, unvergänglichen Geist angreifen oder verletzen. Nur einer ist dazu in der Lage, nur einer kann ihn verändern: Wir selber! Alles, was von außen kommt, Krankheit, Verletzung, Entbehrungen, Kummer, Trauer und auch der Tod, können ihm nichts anhaben. Nur unsere Gedanken sind dazu in der Lage. Ständige negative Gedanken: Haß, Wut, Aggression, Lieblosigkeit, Ärger, das zieht unseren Geist hinunter, läßt ihn verkümmern. Gute Gedanken und Liebe lassen unseren Geist wachsen, und keine Macht der Welt kann dieses Wachstum verhindern. Betrachten wir unsere Probleme einmal unter diesem Gesichtspunkt. Sie werden plötzlich sehr klein.

Wie ein Schauspieler ist unser Geist für die Zeit des Lebens in die Rolle eines Erdenkindes geschlüpft. Wir sollen diese Rolle so gut wie möglich spielen, aber wir sollen uns nicht mit ihr identifizieren! Wir sind nicht diese Rolle! In der Meditation können wir unser eigentliches Ich erspüren, wir werden erfahren, daß wir mehr sind als nur dieser sichtbare Körper. Nehmen wir dieses Bewußtsein mit in den Alltag. Meditation darf nicht auf die paar Minuten am Tag beschränkt bleiben. Zu jeder Zeit sollten wir uns in der Meditation befinden, in einem Zustand vollbewußter Konzentration auf das Wesentliche.

Es gibt keine minderwertigen Arbeiten! Die Arbeit des "kleinen" Straßenkehrers ist genau so wichtig wie die des "großen" Politikers. Beide hat Gott an ihren Platz gestellt. Jeder hat die Arbeit, die für ihn richtig ist, die es ihm ermöglicht, geistig zu wachsen, die Erfahrungen zu machen, die ihm, entsprechend seinem geistigen Standpunkt, die besten Lernchancen bieten. Beim einen sind es vielleicht Demut und Geduld; als König hätte er dies bestimmt nicht lernen können. Beim anderen geht es vielleicht um die Fähigkeit, Macht und Stolz zu beherrschen, anderen ohne Eigennutz zu dienen. Wer will sagen, das eine ist wichtiger als das andere? Wir alle haben bestimmte Aufgaben, haben ein bestimmtes Lernprogramm zu bewältigen. Wir sollten daher nicht immer etwas anderes, etwas besseres sein wollen, wir sollten uns so nehmen, wie wir sind und was wir sind.

Vor Gott ist jeder Mensch und jede Arbeit gleich. Wir sollten jegliche Arbeit Gott aufopfern, sollten uns bewußt sein, daß sie uns dazu dient, Ihm einen Schritt näher zu kommen. Voraussetzung dazu ist, daß wir unsere Arbeit mit Liebe machen, sorgfältig und gewissen-

haft. Arbeit ist bei weitem mehr als nur ein Job zum Geldverdienen. Und zwar jede Arbeit, Fließbandarbeit genauso wie kreative Tätigkeit, einfache Arbeit genauso wie komplizierte. Das geistige Lernprogramm, das unsere Arbeit für uns bereit hält, wird dann Erfolg haben, wenn wir uns nicht dagegen wehren und wenn wir voll bewußt dabei sind. Auch wenn es noch so eine Kleinigkeit ist, wir müssen uns auf diese eine Arbeit konzentrieren, die wir gerade verrichten. Was wir auch tun, wir sollten es immer ganz tun; und auch nie zwei Dinge auf einmal!

Schauen wir uns einmal Kinder an beim Spielen. Sie identifizieren sich voll mit ihrem Spiel, sie verlegen ihr Bewußtsein so in dieses Spiel hinein, daß die Welt um sie herum versinkt. Es gibt nur noch dieses Spiel und sonst nichts mehr auf der Welt. Auch wir sollten versuchen, zu werden *"wie die Kinder"*!

Noch ein weiterer Punkt spielt eine große Rolle. Wir haben die Energieatmung besprochen als wichtigen Punkt für die Meditation, und wir haben gezeigt, wie wir diese Energie über die Kurzmeditation immer wieder "nachtanken" können. Doch das sind nur Schritte auf dem Weg zum großen Ziel: ständig diese Energie Gottes ganz bewußt in uns aufzunehmen. Jeder Atemzug sollte mit Energie aufgeladen sein, jeder Atemzug sollte unsere Chakras zum Vibrieren bringen. Wir können diesem Ziel näherkommen, indem wir immer, wenn wir daran denken, "Energieatmung" durchführen. Und dazu bieten sich viele Gelegenheiten. Anfangs immer dann, wenn wir nicht voll konzentriert sein müssen, und das ist die meiste Zeit am Tag der Fall: Autofahren, Warten, Spazierengehen, Ausruhen usw.! Wir müssen lediglich lernen daranzudenken. Auch beim Beten sollten wir generell "Energieatmung" praktizieren, denn der Energiefluß ist umso intensiver, je inniger die Verbindung ist, die wir zu Ihm herstellen. Lassen Sie den ganzen Tag über diese Energie in sich einströmen. Lassen Sie Ihre Chakras "wachsen", genießen Sie die Kraft, die Ihren Rücken durchströmt und Ihr Leben so viel befreiter und einfacher werden läßt.

"Wenn ihr betet, sollt ihr nicht plappern wie die Heiden, die meinen, sie werden nur erhört, wenn sie viele Worte machen. Macht es nicht wie sie - denn euer Vater weiß, was ihr braucht, noch ehe ihr Ihn bittet. So sollt ihr beten:

Unser Vater im Himmel,
Dein Name werde geheiligt,
Dein Reich komme,
Dein Wille geschehe
wie im Himmel, so auf der Erde.
Gib uns heute das Brot,
das wir brauchen.
Und erlaß uns unsere Schulden,
wie auch wir sie unseren
Schuldnern erlassen haben.
Und führe uns nicht
in Versuchung,
sondern rette uns vor dem Bösen.

Denn wenn ihr den Menschen ihre Verfehlungen vergebt, dann wird euer himmlischer Vater auch euch vergeben. Wenn ihr aber den Menschen nicht vergebt, dann wird euch euer Vater euere Verfehlungen auch nicht vergeben."

(Mt 6,7-14)

Gebet

Unser ganzes Leben sollte Meditation sein, ein ständiges Neuorientieren zur Mitte hin, zu Christus.

Das ist aber kein Zustand, den wir einmal in der Meditation herstellen und der dann den ganzen Tag über anhält. Dieses Bewußtsein können wir nur dann erhalten, wenn wir uns ständig mit Christus verbinden, wenn wir ständig an Ihn denken.

Die meisten Arbeiten verrichten wir ja mehr oder weniger mechanisch, ohne groß mitdenken zu müssen. Unsere Gedanken sind irgendwo anders, beim Fußballspiel vielleicht oder bei der Mode, beim Auto, beim Fernsehen von gestern Abend oder . . .? Doch können wir auch lernen, unsere Gedanken Christus zuzuführen. Am leichtesten gelingt es uns über das Gebet, am besten ein ganz "mechanisches" Gebet, das wir ständig in Gedanken vor uns hinsagen können und das uns mit der Zeit so in Fleisch und Blut übergeht, daß wir nichts mehr dabei "denken" müssen und ungestört unsere Arbeit daneben verrichten können. Und immer wieder werden unsere Gedanken dadurch zu Gott geführt. Sie werden sich wundern, wie gut das schon nach kurzer Zeit geht, und vor allem, wie gut es Ihnen dabei geht!

Das ist kein Widerspruch zum vorigen Kapitel. Das Gebet ermöglicht uns erst die Konzentration auf das Wesentliche, da es uns alle abschweifenden Gedanken abnimmt und uns in eine Schwingung einhüllt, die uns viel aufnahmefähiger, viel bewußter macht!

Viele werden dies für bigottisch halten und darüber milde lächeln oder gar spotten. Doch was ist daran so verkehrt, wenn ich versuche, ständig die Verbindung zu meinem Schöpfer aufrechtzuerhalten? Ist es nicht vielmehr umgekehrt? Ist es nicht töricht, wenn ein Roboter voller Übermut und Selbstherrlichkeit die Verbindung zu seiner Zentraleinheit abbricht, die ihn bisher sicher geführt hat, und nun über jede Stufe fällt, weil er nicht selber sehen kann? Wir sind keine Roboter, wir haben ein Gehirn und können denken! Doch sollte es uns eigentlich dazu dienen, unsere eigene Unzulänglichkeit zu erkennen und die Verbindung zu unserer "Zentraleinheit" wieder herzustellen. Um ohne engen Kontakt mit Gott auszukommen, ist unser Gehirn bei weitem zu klein. Doch auch Beten will gelernt sein, und es ist gar nicht so schwer, "effektiver" zu beten. Zum einen sollten wir nicht einfach "ins Blaue hinein" beten, wir sollten uns vorher immer auf ein ganz bestimmtes Anliegen konzentrieren. Und dieses Anliegen sollte dann wie ein roter Faden unser Gebet durchziehen. Wir müssen praktisch eine geistige Verbindung herstellen zwischen Gott und uns und unserem Anliegen. Hierzu eignet sich hervorragend das Lichtkreuz. Beten wir beispielsweise für jemanden, dann stellen wir ihn in ein Lichtkreuz hinein und denken uns eine "geistige Schnur", die von Gott zu uns, zu unseren Bekannten und wieder zu Gott zurückläuft. Beten wir für uns um den rechten Weg zu Gott, so stellen wir uns einen Weg vor, der von uns zu Gott hinaufführt, und dieser Weg wird durch ein Lichtkreuz "durchlichtet". Je mehr wir uns auf den "Gegenstand" unseres Gebetes konzentrieren, desto mehr wird unser Gebet zur Meditation, desto mehr geistige Kraft legen wir in das Gebet hinein. Wenn uns von vielen Heiligen und tiefgläubigen Menschen berichtet wird, sie seien oft "völlig im Gebet versunken" gewesen, dann ist - bewußt oder unbewußt - dieser Zustand damit gemeint. Drei Gebete eignen sich hierzu besonders:

Das *Vater unser* hat uns Christus selber gegeben. Und ein Seher des 19. Jahrhunderts hat es so ausgedeutet: *"Heiliger Vater, der Du in den Himmeln wohnst, Dein Name werde allezeit mehr und mehr erkannt und geheiligt! Dein Reich der Liebe, der Weisheit und des ewigen Lebens komme zu uns allen! Dein allein heiliger Wille werde von allen freien Geistern, Wesen und Menschen in den Himmeln wie auf allen Weltkörpern auf das pünktlichste befolgt! Gib, oh heiliger Vater, allen Kindern Dein Himmelsbrot des Lebens zu essen mit reinem Munde! Vergib uns allen unsere Schwächen und Sünden, gleich wie wir allen vergeben, die uns je beleidigt haben! Lasse auch nicht zu, daß wir, mit noch allerlei Schwächen behafteten Kinder, über unsere Kräfte versucht werden! So aber ein Übel Deine Kinder zu verderben droht, da wende es ab und befreie sie von allem, was ihnen Übles zufügen könnte! Denn Dein allein*

ist alle Macht und Kraft ewig! Dir sei aller Ruhm, aller Preis, alle Ehre und Anbetung! Dir allein alle unsere Liebe und alles Lob ewig! Amen."

Dieses Gebet beinhaltet alles, was für eine Verbindung mit Gott notwendig ist: den Lobpreis, die bewußte Annahme Seines Willens, die Bitte um Vergebung, die Bitte, Er möge verhindern, daß uns das Böse über unsere Kräfte versucht, sowie die Bitte, uns Kraft zu geben für den täglichen Weg zu Ihm:

"Unser täglich Brot. . ."

Mit "Brot" ist ja nicht unsere körperliche Nahrung gemeint! Es ist die geistige Nahrung, es ist Christus selber, Der uns die Kraft gibt auf dem Weg zu Ihm, um nicht unterwegs schlapp zu machen und umzukehren:

Ich bin das lebendige Brot, das vom Himmel herabgekommen ist. Wer von diesem Brot ißt, wird in Ewigkeit leben" (Joh 6,51).

"Ich bin das Brot des Lebens. Wer zu Mir kommt, wird nie mehr hungern, und wer an Mich glaubt, wird nie mehr Durst haben" (Joh 6,34).

Dein Wille geschehe, ich bin Dein Diener, Dein Kind. Erst wenn ich Deinen Willen angenommen habe, bin ich wirk-

lich frei, frei für Deine Liebe. Wie hat denn Jesus gebetet vor Seinem Tod, als Er genau wußte, was für unmenschliche Qualen auf Ihn zukommen:

"Mein Vater, wenn es möglich ist, gehe dieser Kelch an Mir vorüber. Aber nicht Mein Wille geschehe, sondern Deiner!" .

Und dann das Wichtigste: Auch ich muß allen verzeihen, die mir unrecht getan haben! Jesus sagt es an mehreren Stellen ganz deutlich:

"Wenn ihr den Menschen nicht vergebt, dann wird euch euer Vater euere Verfehlungen auch nicht vergeben" (Mt 6,14).

Ohne vorbehaltlos allen(!) unseren Mitmenschen zu verzeihen, brauchen wir gar nicht erst anfangen zu beten. Jeder von uns ist für Gott gleich wichtig. Er hat ihn erschaffen, was in ihm lebt, ist Sein Geist! Der Zorn gegenüber unserem Bruder trifft in Wirklichkeit Gott! Damit nehmen wir Ihm jede Möglichkeit, uns unsere Fehler zu verzeihen! Und das alles gilt nicht etwa nur für unsere Freunde, die uns gegenüber mal einen kleinen Fehltritt machen, es gilt vor allem für unsere Feinde! *"Liebe deine Feinde!"* Du sollst dabei nicht ihre schlechten Eigenschaften lieben, aber den Menschen, Deinen Bruder, Deine Schwester, den mußt Du lieben!

Nur die Ferne von Gott ist es, die zu bösen Taten treibt! Das ist ein Grund, traurig zu sein und für unsere Mitmenschen zu beten, nie aber, sie zu hassen!

"Wenn jemand sagt: Ich liebe Gott! Aber seinen Bruder haßt, ist er ein Lügner."

Der Apostel Johannes drückt es in einem seiner Briefe noch drastischer aus:

"Jeder, der seinen Bruder haßt, ist ein Mörder!" (1 Joh 3,15).

Wenn wir dies alles vor Augen haben und das *Vater unser* ständig innerlich wiederholen, dann werden wir mit der Zeit so viel Kraft und Liebe sammeln, daß wir auch diese schwerste Hürde bewältigen können.

Das zweite ist die kürzeste Form des sogenannten *Jesusgebetes*, das vor allem in der Ostkirche gebräuchlich ist:

"Jesus, ich liebe Dich".

Durch die ständige Wiederholung bauen wir mit der Zeit eine Schwingung auf, die keine negativen Gedanken und Gefühle mehr zuläßt. Die östliche Mystik, vor allem im Buddhismus und Hinduismus, hat die Kraft dieser sogenannten "Mantras" schon lange erkannt. Dabei werden stundenlang Worte oder kurze Sätze ohne Unterbrechung ständig wiederholt. Die Wirkung wird sehr hoch eingeschätzt, und niemand lacht darüber! Das sogenannte *Jesusgebet* der orthodoxen Kirche oder unser *Rosenkranzgebet* sind nichts anderes als genau solche "Mantras".

Jesus definiert den Sinn des Gebetes sehr kurz und treffend: *"Wachet und betet, damit ihr nicht in Versuchung geratet. Der Geist ist willig, aber das Fleisch ist schwach" (Mt 26,41).*

Das Gebet stellt eine Verbindung zu Gott her, die uns schützt vor negativen

Gedanken, schlechten Einflüssen und Versuchungen. Und gerade auch im Alltag kann uns ein ständiges unterschwelliges Beten helfen, die Schwingung, die Geborgenheit, die innere Ruhe zu bewahren, die wir in der Meditation hergestellt haben. Auch wenn wir das Gebet völlig vergessen, weil uns unsere Arbeit ganz in Anspruch nimmt, wird es uns doch schnell wieder zu Gott zurückführen, wenn unsere Gedanken wieder frei sind.

Ein drittes, vorwiegend in der katholischen Kirche verbreitetes Gebet, ist das *"Gegrüßet seist Du, Maria"* bzw. der darauf aufbauende *Rosenkranz*. Es ist nicht möglich, in diesem Rahmen eine Abhandlung über Maria bzw. den Rosenkranz zu bringen. Trotzdem sind einige Ausführungen nötig, da kaum jemand im Christentum so umstritten ist wie Maria.

Wer Maria ablehnt, der hat das Wesen der Liebe noch nicht begriffen! Es geht dabei nicht um Dogmen, um Jungfräulichkeit und leibliche Aufnahme in den Himmel, all das sind Nebensächlichkeiten und ändern an Marias Wesen überhaupt nichts.

So wie in Christus die höchste Liebe Mensch geworden ist, so ist in Maria ein Mensch zur höchsten Liebe geworden. Das ist sehr einfach zu beweisen:

Die Mutter ist für die Entwicklung eines Kindes von großer Bedeutung. Sie kann sie fördern, in andere Bahnen lenken oder aber auch stark bremsen. Als Christus zur Welt kam, mußte er sich genau wie jedes Kind einer Mutter anvertrauen. Dafür wird sich Gott wohl kaum einen Durchschnittsmenschen ausgesucht haben. Es mußte vielmehr jemand sein, der eine optimale Entwicklung des Kindes Jesu gewährleisten konnte. Allein aus dieser Sicht dürfte jedem klar sein, daß Maria eines der höchsten Wesen sein muß!

Ein zentraler Punkt der Lehre Christi ist die Liebe zu Vater und Mutter:

"Ehre deinen Vater und deine Mutter!" (Mk 10,19; Mt 15,4)

Wer soll Ihm wohl jemals näherstehen, als diejenige, die Ihn auf seinem schwersten Weg geführt und begleitet hat? Gott erläßt keine Gesetze nur für andere, Er bezieht Sich immer selbst mit ein! Das hat Er in Seinem Leben zur Genüge bewiesen. So ist es nur selbstverständlich, daß in Seiner unendlichen Liebe an erster Stelle Seine Mutter steht.

Im Himmel gibt es auch keinen Neid. Keiner mißgönnt dem anderen sein Ansehen bei uns Menschen, schon gar nicht Jesus Seiner Mutter! Als Mensch war Christus ganz ihr Kind, und als Christi Brüder und Schwestern dürfen auch wir ihre Kinder sein, so wie ihr Christus am Kreuz den Apostel Johannes als Kind übergeben hat: *"Frau, siehe da dein Sohn!"* und zu Johannes gewandt: *"Siehe, deine Mutter!" (Joh 19,26)*. Für die katholische Kirche ist sie die "Mutter der Kirche"! Sie will auch unsere Mutter sein.

Übrigens hat dies auch Martin Luther so gesehen, der ja bekanntlich ein glühender Marienverehrer (!) war. Von ihm stammt folgender Ausspruch: *"Der kann kein Bruder Jesu sein, der nicht als liebes Kind der Mutter Maria auf dem Schoß sitzt."*

"Maria ist die geheime Göttin im Christentum", habe ich neulich gelesen.

Dies ist so falsch wie der Versuch, Maria für feministische Zwecke einzuspannen. Niemand steht Gott so nahe wie Maria, und trotzdem wird es niemanden geben, der Ihn tiefer verehrt, der eine größere Achtung vor Ihm hat als Maria. Ihr Leben war Dienen, und Selbstverwirklichung war für sie ein Fremdwort. Ihr ging und geht es nur darum, die anderen zu verwirklichen, zu verwirklichen in Jesus Christus. Für sie gilt im besonderen das Wort Jesu:

"Wer unter euch groß sein will, der sei euer Diener, und wer unter euch der erste sein will, der sei der Knecht aller" (Mk 10,43f).

Nie würde sie sich zur Göttin machen lassen, höchstens zur Göttin des Dienens! Theologische Spitzfindigkeiten und feministische Umdeutungsversuche sind nur da nötig, wo die Liebe fehlt, wo versucht wird, eine Bestätigung zu finden für eigene egoistische Ansprüche. Warum können wir nicht einfach ihr Angebot annehmen, uns beizustehen, uns zum Vater zu führen, wie sie einst ihren Sohn geführt hat? Können wir es uns wirklich leisten, ihr Angebot auszuschlagen, auch unsere Mutter zu sein? Stolz ist gerade bei ihr so fehl am Platz wie selten irgendwo.

Das *Ave Maria* bzw. der *Rosenkranz* ist "ihr" Gebet, es verbindet uns mit ihr und übergibt uns ihrem Schutz und ihrer Führung. Immer wieder, den ganzen Tag über, können wir uns damit an sie anlehnen, an sie, die den Alltag kennt, die alle Sorgen des Lebens selber durchlitten hat, die uns versteht wie kaum jemand anders, die mit all ihrer Kraft nur an dem einen Ziel arbeitet, alle Menschen ihrem Sohn zuzuführen. Denken wir daran, bei Gott zählt nur die Demut. Seien wir nicht zu stolz, zu werden *"wie die Kinder"*.

"Ihr sollt nicht plappern wie die Heiden, die meinen, sie werden nur erhört, wenn sie viele Worte machen!" (Mt 6,7).

Auf dieses Wort Jesu stützen sich häufig die Bedenken gegen ein "mechanisches" Beten, vor allem auch gegen den *Rosenkranz*. Doch das hat Jesus nicht gemeint damit! Wenn wir nicht *"viele Worte machen"* sollen, dann bedeutet das, wir sollen nicht um alles mögliche bitten, vor allem nicht um all die materiellen Dinge: Essen, Trinken, Gesundheit, Glück und Wohlstand! Daß Jesus mit *"viele Worte machen"* nur dieses Beten verwirft und nicht das Viel-Beten an sich, zeigen Seine nachfolgenden Worte: *"Denn euer Vater weiß, was ihr braucht, noch ehe ihr Ihn bittet."* Nur um das Geistige sollen wir beten, um den rechten Weg zu Gott, *"alles andere wird euch dazugegeben werden"*.

So dient uns der *Rosenkranz*, ein ständig wiederholtes *Vater unser* oder ein immer wiederkehrendes *Jesus, ich liebe Dich* nicht dazu, jedes Wort zu durchdenken! Während wir beten, können wir einzelne Gedanken herausgreifen, über diese Gedanken meditieren. Das Gebet selber gibt uns dazu den Rahmen, hüllt uns in die Schwingung, die uns diese Art der Meditation, der Verbindung mit Gott ermöglicht! Wir dürfen annehmen, daß dies auch die Art war, in der Jesus gebetet hat. Und daß Er viel gebetet hat, das ist sicher, denn es geht wohl niemand in die Einsamkeit, wie es von Jesus oft berichtet wird, um nur kurz zu beten! Häufig ist zu hören: "Ich habe so viel zu tun, daß mir keine Zeit mehr zum Beten bleibt." Martin Luther hat es anders formuliert:

"Ich habe so viel zu tun, daß ich zuerst einmal eine Stunde beten muß." Paulus sagt ganz einfach: *"Betet ohne Unterlaß!" (1 Thes 5.17).*

Zeit für das Gebet hat jeder in Hülle und Fülle. Den halben Tag verbringen wir "gedankenlos" in geistiger Leere: wenn wir irgendwo warten müssen bei Arzt, Behörden, Bahn, Bus, Friseur usw., beim "Gassigehen" mit dem Hund, beim Autofahren, bei vielen Tätigkeiten, die uns geistig nicht beanspruchen, in der Freizeit, im Schwimmbad, beim Sport. *"Wo ein Wille ist, da ist auch ein Weg!"* Wir müssen nur unsere Trägheit überwinden. *"Der Geist ist zwar willig, aber das Fleisch ist schwach."*

Jesus hat uns nicht den Frieden in seligem Nichtstun versprochen. Leben heißt kämpfen! Es ist ein ständiger Kampf gegen die Trägheit und die Laster des Körpers und ein ständiger Kampf für die Freiheit des Geistes.

Viele Philosophien, Glaubensgemeinschaften und Lebensschulen, aber auch viele Christen lehnen heute das Gebet ab oder halten es zumindest für entbehrlich. "Es bringt ja doch nichts! Was soll denn Gott mit unseren Gebeten anfangen!" Und: "Wie soll denn mein Gebet einem anderen helfen können, das wäre ja ungerecht!"

Viele derartige Ausreden lassen sich noch finden, aber eines läßt sich nicht wegdiskutieren: daß Jesus selbst gebetet hat! Und zwar viel und oft gebetet hat! Und nicht nur für Sich, sondern vor allem für andere! Die Evangelien sind voll von Berichten über das Beten Jesu:

"Für sie bitte Ich: Heiliger Vater, bewahre sie in Deinem Namen" (Joh 17,9).

"Aber Ich bitte nicht nur für diese hier, sondern auch für alle, die durch ihr Wort an Mich glauben" (Joh 17,20).

"Simon, Ich habe für dich gebetet, daß dein Glaube nicht erlischt" (Lk 22,31).

Er fordert uns sogar direkt auf, für andere zu beten: *"Liebet eure Feinde, und betet für die, die euch verfolgen" (Mt 5,44).*

Das Gebet für andere ist ein ganz wesentlicher Bestandteil eines aktiven Christentums. Und wir dürfen Gott unendlich dankbar sein dafür, daß er diese Möglichkeit geschaffen hat. Denn das Ziel lautet nicht: Erlösung für uns selber, sondern: *Erlösung für uns alle!* Mittel hierzu ist das Gebet für die anderen, für die Kirche, für unsere Bischöfe und

Priester, vor allem auch für diejenigen, die Gott verloren oder noch gar nicht gefunden haben. Dafür sind wir, jeder einzelne, verantwortlich! Hierher gehören dann auch Heilungsgebete, die uns schon an die Grenze zur Geistheilung führen, Geistheilung wohlgemerkt, durch den Geist Gottes!

Nur einen Punkt wollen wir wegen seiner Wichtigkeit hier herausgreifen: Jeder Mensch hat eine "Segenskraft", jeder Mensch kann den Segen Gottes auf andere herabrufen; insbesondere Mutter und Vater auf ihre Kinder. Segnen Sie Ihre Kinder jeden Morgen und jeden Abend, es genügen hierfür schon ein kurzes Gebet, Meditation und Lichtkreuz. Lassen Sie die Kraft Gottes aus Ihrem Herzen und aus Ihren Händen herausströmen. Und reden Sie mit den Schutzengeln Ihrer Kinder und denen ihrer Kameraden! Besser können Sie Ihr Kind nicht schützen!

Übrigens scheint sich Jesus in der Natur am wohlsten gefühlt zu haben. Mehrfach wird berichtet, daß er sich zum Beten *"an einen einsamen Ort"* zurückzog *(Lk 5,16; 9,18 ; Mt 1,35)*, und wir dürfen davon ausgehen, daß Beten bei Jesus immer auch Meditation war.

Er hat uns auch gezeigt, wie wir beten sollen. Jesus kennt nur zwei Arten von Gebet: Das Dankgebet *"Ich preise Dich, Vater, Herr des Himmels und der Erde..." (Lk 10,21; Mt 11,25)* und das Bittgebet um den rechten Weg zum Vater *"Heiliger Vater, bewahre sie in Deinem Namen, bewahre sie vor dem Bösen und heilige sie in der Wahrheit" (Joh 17/11,15,17)*.

Das Beten um weltliche Dinge, um den Körper, um das Materielle ist Jesus unbekannt!

Den letzten Aspekt des Betens zeigt er uns im Garten Gethsemane. Jeder von uns hätte sich mit den Worten begnügt: *"Mein Vater, wenn es möglich ist, gehe dieser Kelch an Mir vorüber" (Mt 26,39)*.

Doch auch in der größten Todesangst ist das Bewußtsein des Menschen Jesu in Seiner Mitte, in Gott zentriert, und Er fügt hinzu: *"Aber nicht Mein Wille geschehe, sondern der Deine!" (Mt 26,39)*.

Das ist Meditation in Vollendung:

"Dein Wille geschehe".

Der große Heilige der Schweizer, Klaus von der Flühe, drückte es so aus:

"Mein Herr und mein Gott,
nimm alles von mir,
was mich hindert zu Dir!

Mein Herr und mein Gott,
gib alles mir,
was mich fördert zu Dir!

Mein Herr und mein Gott
o nimm mich mir,
und gib mich ganz zu eigen Dir!"

"Simon, Simon, der Satan hat verlangt, daß er euch wie Weizen sieben darf. Ich aber habe für dich gebetet, daß dein Glaube nicht erlischt. Und wenn du dich wieder bekehrt hast, dann stärke deine Brüder."

(Lk 22,31f)

Zweifel

Selbst ein so großer Apostel wie Petrus, der über 3 Jahre lang ständig mit Jesus beisammen war, zweifelt, fällt in Unglauben und verleugnet Jesus dreimal aus Angst.

Und nach seinem Tod mußte Jesus seinen Jüngern zuerst die Leviten lesen: *"Später erschien Jesus auch den Elf, als sie bei Tisch waren; Er tadelte ihren Unglauben und ihre Verstocktheit, weil sie denen nicht glaubten, die Ihn nach Seiner Auferstehung gesehen hatten"(Mk 16,14).*

Auch unsere Zweifel wird Jesus verstehen. Zweifel sind auf der Welt etwas völlig Normales! Kaum einer wird hier ohne Zweifel bestehen können. Von vielen großen Heiligen wissen wir, daß sie immer wieder Phasen des Zweifelns durchlebten, daß sie oft lange Zeit nicht mehr richtig beten konnten, ja, daß sie sogar zeitweise in Unglauben fielen.

"Und wenn du dich wieder bekehrt hast . . .", wer hätte dies bei Petrus vermutet? Der Zweifel ist das große Machtinstrument Satans, und er spielt es gegen jeden aus! Wir können uns dem Zweifel nicht entziehen, wir können aber eines tun: uns nicht im Zweifel verlieren, nicht ver-zweifeln und unsere Bindung an Gott nicht im Trubel und den Vergnügungen der Welt erstikken lassen. Denn auch in die Meditation können wir unsere Zweifel mitnehmen, können sie in der Stille vor Gott hinlegen, können Ihn bitten, uns Zeichen zu geben, uns die Lösung zu schicken. Wir müssen immer wieder darum beten und uns in der Meditation darauf konzentrieren, daß unser Glaube stark bleibt, daß wir unsere Zweifel überwinden können.

Es liegt auch eine große Chance im Zweifel! Er zwingt uns, unsere Situation, unser Leben mit Gott neu zu überdenken. Er zwingt uns zu kämpfen und gibt uns dadurch die Möglichkeit, unsere Bindung zu Gott zu festigen, gestärkt dem Zweifel wieder zu entsteigen. Wir brauchen den Zweifel, um zu wachsen, um uns zu festigen. Der Zweifel nimmt uns den Schwimmring weg; doch nur so kann man schwimmen lernen. Wer sich nicht bewegt, versinkt! Doch nur zweifeln, das gilt nicht! Man muß schon gleichzeitig auch suchen und kämpfen. Zweifel und Kampf gehören zusammen. Kampf gegen das Böse, Kampf gegen uns selber.

Stolz und Überheblichkeit, aber auch Trägheit und Bequemlichkeit, das Bedürfnis nach "unserer wohlverdienten Ruhe" sind es, die uns immer wieder zu Fall bringen. Jesus weiß ein Mittel dagegen: *"Ich aber habe für dich gebetet, daß dein Glaube nicht erlischt."* Jesus hat sehr viel gebetet! Wieviel mehr steht es dann uns zu, zu beten, uns mit dem Vater zu verbinden, uns auf den Weg zu machen zu Ihm! Uns von Ihm die Kraft zu erbitten, daß wir auf unserem Weg durchhalten!

"Mehr als sie alle habe ich mich abgemüht - nicht ich, sondern die Gnade Gottes zusammen mit mir."

(1 Kor. 15,10)

Geduld

Wir dürfen nun nicht erwarten, daß wir heute mit Meditation und Beten beginnen und morgen von Gott alle Schönheit des Himmels geschenkt bekommen als Belohnung für unseren guten Willen. Denken wir vielmehr daran: Bisher war nichts, jetzt stehen wir am Anfang! Für Gott ist eines wichtig: daß wir zu Ihm finden und daß wir dann wirklich auch bei Ihm bleiben! Er wird uns den Weg zu Sich so langsam führen, Er wird uns soviele Prüfungen bestehen lassen, bis Er sicher ist, daß wir alles begriffen haben. Bis unsere Liebe zu Ihm so gewachsen ist, daß wir Ihn nicht mehr gegen ein "Butterbrot" eintauschen, daß uns *"der Reichtum und die Genüsse des Lebens"* nicht mehr wichtiger sind als Er. Wielange dies dauert, das müssen wir Ihm überlassen. Wichtig ist, daß wir nur für das Tun verantwortlich sind, der Erfolg liegt in der Hand Gottes.

Unsere heutige hektische Zeit, wo niemand mehr Zeit hat und alles sofort sein muß, ist geradezu ideal, um Geduld zu erlernen. Es ist wie bei allem: Lernen können wir nur dann, wenn die entsprechenden Voraussetzungen gegeben sind. Ohne Auto können wir nicht fahren lernen und ohne Instrument nicht musizieren. So läßt sich auch Geduld nicht lernen, wenn man alles sofort erhält.

Warum haben wir denn heute keine Zeit mehr, warum sind wir so ungeduldig? Die eigentliche Ursache dafür ist Angst. Angst, etwas zu versäumen, Angst zu versagen, Angst, nicht mehr alles fertig zu bringen, was wir uns vorgenommen haben, Angst vor der Zeit! Zeit, das ist eine der Geiseln Satans, mit denen er uns heute so gründlich durchpeitscht. Gott kennt keine Zeit in unserem Sinne. Seine Zeit ist unendlich, Seine Geduld kennt keine Grenzen! Doch gerade darin scheint das Rezept Seines Erfolges zu liegen. Am Ende bleibt Er immer Sieger! Sobald wir uns in unserer Mitte befinden, kann uns die Zeit nichts mehr anhaben. *"Macht euch die Erde untertan"*, dazu gehört auch die Zeit. Nicht wir dürfen Sklaven der Zeit sein, wir müssen sie vielmehr für uns nutzbar machen. Gott hat uns die Zeit gelassen, auch wir müssen uns Zeit lassen, im Leben und in der Meditation. Wir dürfen uns in der Meditation nie unter Erfolgszwang setzen. Viele versuchen, Gott durch ihre "Liebe" zu Gegenleistungen zu zwingen. Das ist keine echte Liebe! Echte Liebe erwartet keine Gegenleistung, echte Liebe will nicht möglichst schnell möglichst viel wieder zurückbekommen!

Neulich bin ich auf ein "Gebet" gestoßen, das unsere Zeit trefflich charakterisiert: "Lieber Gott, schenk mir Geduld - aber bitte sofort!" Jesaia drückt es etwas anders aus: *"Zur Zeit der Gnade erhöre Ich dich" (Jes 49,8)*. Wir müssen lernen, uns diese Zeit zu lassen!

Wer gibt uns die Zeit? Doch nicht wir uns selber! Gott hat sie uns gegeben! Darum sollten wir sie auch in Seinem Sinne verwenden, als Geschenk von Ihm und für Ihn.

"Machet euch also keine Sorge und sagt nicht: Was sollen wir essen? Was sollen wir trinken? Euer himmlischer Vater weiß, daß ihr das alles braucht."

(Mt 6,31f)

Wie das Prana bei der Atmung, so dient uns auch die Nahrung zur Energieaufnahme. Wir verhungern zwar nicht, wenn wir nur rein mechanisch essen, genauso wie wir auch mit einer unbewußten flachen Atmung leben können, aber genau wie bei der Atmung können wir auch die Nahrungsaufnahme viel intensiver gestalten.

Gott hat alles als Ganzes erschaffen, und nur das Ganze enthält die volle Kraft. Zu keiner Zeit war es üblich, "Nahrungsmittel" herzustellen. Stets wurde die ganze Frucht, das ganze Korn bzw. bei der Jagd das ganze Tier verwendet. Heute dagegen verlangt unser Geschmack eine "Verfeinerung" der Speisen. Heute sind nur noch die "besten" Teile gefragt: Die Nahrung dient mehr und mehr dazu, unsere Gaumenlust zu befriedigen. Doch dafür hat Gott sie nicht erschaffen! Er gab uns "Lebens-Mittel"! Er hat auch die Tiere nicht zum Massenschlachtvieh bestimmt, das haben wir uns erst gezüchtet. Grundsätzlich gilt: Je vollständiger und natürlicher ein Nahrungsmittel ist, desto besser. Das volle Korn ist besser als das Auszugsmehl, die ganze Frucht ist besser als die geschälte. Bei einer gesunden Ernährung sollten Vollkornprodukte überwiegen, vor allem Dinkel ist ein ganz hervorragendes Nahrungsmittel. Fleisch und Wurst sollten sehr sparsam verwendet, Schweinefleisch nach Möglichkeit ganz gemieden werden, ebenso der normale Zucker. Besser ist Fruchtzucker oder auch Honig. Auch mit Weißmehl bitte sparsam sein. Einheimische Nahrungsmittel sind für uns meist besser geeignet als exotische (Obst, Gewürze, Getreide), genauso wie es besser ist, sich grob an das zu halten, was bei uns zur entsprechenden Jahreszeit wächst oder haltbar ist, anstatt Salat und Gemüse aus Treibhäusern bzw. fernen Ländern zu beziehen. Sowohl Salat als auch Gemüse sind keine Hauptnahrungsmittel, sie dienen der Ergänzung! Hauptnahrungsmittel ist lediglich das Getreide und wie gesagt, vor allem der Dinkel. Ausführliche Informationen darüber enthält unter anderem das Buch: "Küchengeheimnisse der Hildegard - Medizin" von Hertzka/Strehlow oder "Lebendige Nahrung, Gaben der Schöpfung" von Margret Gosewinkel. Auch bei der modernen und so praktischen Tiefkühlkost ist Zurückhaltung geboten. Tiefkühlen und wieder aufwärmen zerstört die "geistige Struktur" der Nahrung. Zudem prägen sich ihr die starken elektromagnetischen Schwingungen des Tiefkühlaggregates auf. Folgender Versuch mag dies erläutern: Eine Gruppe Mäuse wurde mit frischgekochter Getreidenahrung ernährt und gedieh prächtig. Von der zweiten Gruppe, die genau dieselbe Nahrung nicht frisch, sondern aufgewärmt erhielt, starben die meisten innerhalb kurzer Zeit!

Nicht nur für die Meditation ist eine gesunde, leichte, natürliche Kost von Vorteil. Auch im Alltag fahren wir besser damit. Die vielen Gift- und Schlackenstoffe unserer üblichen Ernährung blokkieren unser Energiesystem, schwere

Kost braucht zudem viel Energie zum Verdauen. Wir können hierbei unseren Sprachgebrauch problemlos auf das Geistige übertragen: Schwere Kost zieht uns hinunter, zur Erde, zum Materiellen hin, während uns leichte Kost eher den geistigen Aufstieg ermöglicht.

Nun zum geistigen Aspekt der Nahrung: Auch die Nahrung läßt sich mit unseren Gedanken verändern. Sie nimmt unsere Gedanken sogar sehr leicht an! Wenn wir uns während des Essens über unseren Nachbarn ärgern, auf die Arbeitskollegen schimpfen, aus der Zeitung alle möglichen Unglücksfälle, Verbrechen und politischen Sorgen "in uns hineinfressen", dann dürfen wir uns nicht wundern, wenn wir Magenschmerzen und Verdauungsstörungen bekommen. Gerade auch für das Essen gilt: Nie zwei Dinge auf einmal tun! Wir sollten uns ausschließlich unserem Essen widmen. Wir können es mit unseren Gedanken "imprägnieren", wir können uns vorstellen, daß seine Energie uns heilt, uns bestimmte Eigenschaften mitbringt, Liebe z.B. oder Verständnis oder Ruhe!

Früher war es üblich, daß der Vater das Brot vor dem Anschneiden gesegnet hat. Dieser schöne Brauch ist fast völlig in Vergessenheit geraten ebenso wie das Tischgebet. Doch keiner von uns - auch mit all seinem Geld nicht - kann sein Essen selbst herstellen. Er ist auf das angewiesen, was die Natur als Teil Gottes uns bietet. Genügend Nahrung ist für uns ja so selbstverständlich, aber auch für Jesus scheint es eine Selbstverständlichkeit zu sein: *"Euer himmlischer Vater weiß, daß ihr das alles braucht."* Doch auch für eine Selbstverständlichkeit ist es schön zu danken, zumal auch für Jesus das Dankgebet eine Selbstverständlichkeit war! Das Tischgebet ermöglicht uns auch eine kurze Besinnung auf unser eigentliches Ziel, den Weg zu unserer Mitte. Mit dem Lichtkreuz können wir jede Speise und jedes Getränk segnen! Können ihnen ihre schlechten Eigenschaften nehmen und ihre Qualität erheblich verbessern. Bei der heutigen schadstoffbelasteten Nahrung ist dies wirklich kein Luxus! Eine Minute vor dem Essen und unsere Vorstellungskraft genügen uns dafür. Auch während des Essens sollten wir uns nur auf die Nahrungsaufnahme konzentrieren, darauf, daß dieses Essen uns gut tut, daß es uns weiterbringt. Das Essen ist wesentlicher Teil der Meditation im Alltag. Es sollte nie zwischendurch, gedankenlos und beiläufig geschehen, sondern ganz bewußt und konzentriert, als Teil unserer neuen Art, bewußt zu leben. Eine natürliche Ernährung ist wichtig und kann viel zu unserer körperlichen Gesundheit beitragen. Doch müssen wir uns davor hüten, sie sektiererisch zu einer Art Ersatzreligion zu machen. *"Nicht das, was durch den Mund in den Menschen hineinkommt, macht ihn unrein, sondern was aus den Menschen herauskommt (Worte, Gedanken), das macht ihn unrein" (Mt 15,11).*

Der Geist steht über dem Körper. Für die Meditation empfiehlt es sich, nicht direkt vorher zu essen, zumindest nicht viel, da sonst der Körper zu sehr mit der Verdauung beschäftigt ist, was unsere geistige Arbeit erschwert.

"Wer Mein Jünger sein will, der verleugne sich selbst, nehme täglich sein Kreuz auf sich und folge Mir nach."

(Lk 9,23)

Christusnachfolge, das ist nicht Leben in Saus und Braus. *"So kann also keiner von euch, der nicht von allem sich lossagt, was er besitzt, Mein Jünger sein." (Lk 14,33).* Alles! Nicht nur Reichtum ist damit gemeint, auch Frieden, Glück, Gesundheit zählen dazu! Christus hat auf alles verzichtet, sogar auf Sein Leben! Auch wir müssen dazu bereit sein! *"Denn euch wurde die Gnade zuteil, für Christus dazusein, also nicht nur an Ihn zu glauben, sondern auch Seinetwegen zu leiden" (Phil 1,29).* Echte christliche Meditation gibt uns die Liebe und die Kraft, unser Kreuz anzunehmen und es geduldig zu tragen. Worin unser Kreuz besteht, das müssen wir Christus überlassen. Für jeden wird es etwas anders aussehen, je nach seinen Möglichkeiten und Erfordernissen. Wir sollten uns hüten, nach äußerem Augenschein zu urteilen, nur wenige sehen ins Herz hinein. Kein glückliches Leben verspricht Er uns, wenn wir Ihm folgen:

"Denkt nicht, Ich bin gekommen um Friede auf die Erde zu bringen" (Mt 10,34). Aber: *"Meinen Frieden gebe Ich euch, nicht einen Frieden, wie die Welt ihn gibt, gebe Ich euch. Euer Herz beunruhige sich nicht und verzage nicht" (Joh 14,27).*

In der größten Drangsal und Not können wir unseren inneren Frieden mit Christus bewahren, wenn wir das Leiden, das Er uns schickt, annehmen und uns nicht dagegen wehren. Wenn wir krank sind, dann sollten wir nicht die Ungerechtigkeit der Welt anklagen, daß es gerade uns trifft. Es hat schon seinen Grund, es ist schon richtig so, so hart dies auch klingen mag. Wir müssen unsere Krankheit annehmen. Wir dürfen und wir sollen auch dagegen ankämpfen, aber nicht um jeden Preis! Nicht alle Mittel sind erlaubt!

Der Hl. Franz von Sales hat einmal gesagt, wenn jemand krank ist, dann solle er einige Mittel ausprobieren, und wenn die nicht helfen, dann solle er sich in die Hand Gottes begeben.

Gesundheit ist heute zum zentralen Problem unserer Gesellschaft geworden. Hier muß jeder für sich selbst entscheiden, und oft ist es nur ein schmaler Grat zwischen zu wenig und zu viel. Was bei der heutigen Medizin oft den Ausschlag gibt, ist nicht die Vernunft, sondern die Angst, die Angst, ja nichts zu versäumen! Impfungen, Vorsorgeuntersuchungen jeglicher Art und in verstärktem Maße sogenannte Präventivoperationen, also die Entfernung gesunder Organe und Körperteile meist aus Angst vor Krebs sind die Antwort einer Medizin, die den Menschen als Sache betrachtet und keinen geistigen Bezug mehr erkennt. Was oft nicht hinterfragt wird ist die andere Seite, nämlich die Folgen dieser "ärztlichen Kunst". Wie viele Menschen werden durch die Medikamente, die sie nehmen, erst richtig krank! Meist viel später zeigen sich dann diese "chronischen Erkrankungen". Wieviele Menschen erleiden durch eine menschenunwürdige "Apparatemedizin" bleibende Schäden?

(Siehe auch: Assfalg, "Säure - aus biologischer Sicht" und "Zähne - aus biologischer Sicht", Regiatrex-Verlag).

Vielleicht hilft es uns in unserer Entscheidungsfindung weiter, wenn wir nicht an einen bloßen Zufall, sondern an einen liebenden Gott glauben, der sehr wohl auch Krankheit und Gesundheit in Seiner Hand hält. Und Seine sanfte Hand wird uns über kurz oder lang wieder natürlichere Wege finden lassen. Neben einer in jeder Beziehung unnatürlichen und unmäßigen Lebensweise haben uns vor allem die Angst vor dem Leiden und vor dem Tod in die Sackgasse der heutigen Medizin geführt. Gebet und Meditation können uns auch wieder herausführen.

In der Meditation können wir viele Krankheiten überwinden bzw. lindern. Vor allem aber kann uns die Meditation die Kraft und die Geduld geben, unsere Krankheiten zu ertragen, und wir können im größten Leiden, von einem tiefen inneren Frieden erfüllt, glücklicher sein als viele "Gesunde".

Christus hat sein Kreuz sicher nicht mit Begeisterung getragen. Er wäre sicher froh gewesen, wenn es eine andere Möglichkeit gegeben hätte: *"Vater, alles ist Dir möglich! Nimm diesen Kelch von mir!" (Mk 14,36)*. Aber Er hat sich eben auch freiwillig und bedingungslos dem Willen des Vaters unterworfen: *"Aber nicht mein, sondern Dein Wille geschehe!" (Lk 22,42)*.

Sein inständiges Beten und Meditieren war dann also sinnlos? Mitnichten! Schon der nächste Satz bringt uns Klarheit:

"Da erschien Ihm ein Engel vom Himmel und gab Ihm Kraft" (Lk 22,43).

Wenn wir uns ganz dem Willen Gottes hingeben, dann dürfen wir Ihm nicht in Gebet und Meditation unseren Willen aufzwingen wollen! Wenn es Sein Wille ist, daß wir gesund werden, dann werden wir schnell Erfolg haben. Wenn es nicht Sein Wille ist, auch dann ist unser Beten und unser Bemühen in der Meditation nicht umsonst, dann gibt Er uns die Kraft und die Mittel, die wir brauchen, um durchzuhalten. Vielleicht ist gerade diese Krankheit unser Kreuz, das wir für Christus tragen! Auch Sorgen und Probleme gehören dazu, Spott und Verfolgungen.

"Wenn sie Mich verfolgt haben, werden sie auch euch verfolgen" (Joh 15,20).

"Wer das Leben gewinnen will, wird es verlieren; wer aber das Leben um meinetwillen verliert, wird es gewinnen" (Mt 10,19).

"Wer sich nun vor den Menschen zu Mir bekennt, zu dem werde auch Ich mich vor Meinem Vater im Himmel bekennen. Wer Mich aber vor den Menschen verleugnet, den werde auch Ich vor Meinem Vater im Himmel verleugnen" (Mt 10,32f).

"Und ihr werdet um Meines Namens willen von allen gehaßt werden. Wer aber bis zum Ende standhaft bleibt, der wird gerettet" (Mt 10,22).

Auch das gehört zu unserem Kreuz. Viele haben es schon getragen, Viele tragen es heute, auch uns kann es eines Tages auferlegt werden. Auch dafür wird uns die Meditation vorbereiten, auch dafür kann sie uns die nötige Kraft geben. Christus läßt keinen im Stich, auch wenn es für eine ungläubige Welt zunächst so aussieht:

"Und doch wird euch kein Haar gekrümmt werden. Wenn ihr standhaft bleibt, werdet ihr das Leben gewinnen" (Lk 21,18). Nicht die Haare unseres Körpers hat Er damit gemeint, auch nicht unser jetziges Leben.

Nicht der Körper ist es, der zählt, nur der Geist bleibt ewig!"

Aber Er läßt uns nicht nur leiden für sich! Er ist immer bereit, uns zu helfen, nimmt uns unsere Sorgen ab. Pater Matthias Utters OFM drückt es so aus: *"Werfen Sie Christus Ihre Sorgen auf den Rücken! Er hat breite Schultern! Er kann sie leicht tragen!"* Wir dürfen sie Ihm in der Meditation übergeben. Für Ihn sind sie keine Last.

Pater Matthias weiter: *"Wer das nicht lernt, muß leiden!"* Und wer das gelernt hat, leidet auch inmitten aller äußerlicher Krankheit und Not nicht.

"Ich werde dir die Schlüssel des Himmelreiches geben; was du auf Erden binden wirst, das wird auch im Himmel gebunden sein, und was du auf Erden lösen wirst, das wird auch im Himmel gelöst sein". (Mt 16,19)

Vergebung

Die Vergebung Gottes ist eine Gesetzmäßigkeit, die Er jedem zuteil werden läßt, der Ihn in Demut darum bittet. Doch bedeutet Vergebung nicht gleichzeitig Herausführung aus aller weltlichen Krankheit und Not. Sie bezieht sich immer auf unser geistiges Leben. Vergebung heißt: Gott gibt uns die Möglichkeit, geistig zu wachsen, uns geistig zu reinigen. Dies ist in der Regel nur in Leid und Not möglich.

"Sei uns Sündern gnädig", das kann nicht heißen: Nimm unsere Sünden weg und mache uns zu Engeln. In dem Moment hätte Er uns nämlich zu Robotern gemacht. Er hätte uns ohne unser Zutun in einen Zustand versetzt, der unserer Entwicklung nicht angepaßt gewesen wäre, der unserer Entwicklung weit voraus gewesen wäre. Dann wären wir nicht mehr wir selber, wir wären andere Wesen geworden. Unsere Entwicklung hätte eine Lücke! Das kann Er niemals wollen. Wenn Gott unsere Sünden wegnimmt, dann heißt das, daß Er damit das Hindernis beiseite räumt, das uns daran gehindert hat, zu Ihm zu gelangen. Doch zu Ihm gehen, das müssen wir wieder selber tun! Und Krankheit, Leiden, Not sind keine neuen Hindernisse, die Er uns in den Weg legt, es ist vielmehr dieser Weg selbst!

"Was du hier auf Erden bindest, das wird auch im Himmel gebunden sein", das gilt nicht nur für Petrus und seine Nachfolger, das gilt für jeden von uns. Alle unsere Fehler und Begierden, negative Eigenschaften, die wir auf Erden ablegen, unter-*"binden"*, die werden wir auch im Himmel nicht mehr mit uns herumschleppen müssen. Und das ist der *"Schlüssel zum Himmelreich"*. *"Sei uns gnädig"* heißt: Nimm uns unsere Sünden weg, die als Hindernis zwischen uns und Dir stehen, und gib uns Gelegenheit, diese unsere Fehler abzulegen! Doch im Überfluß kann man nicht verzichten lernen, und im Glück nicht seinen Zorn ablegen. In Gesundheit kann man nicht lernen, mit Schmerzen umzugehen, und ohne Zweifel kann man seine Liebe zu Gott nicht festigen. Die Mittel dazu sind Krankheit, Not, Leiden, Widrigkeiten und Verachtung.

Meditation kann und darf dieses Gesetz nicht außer Kraft setzen. Doch kann sie uns helfen, schneller und leichter ans Ziel zu kommen. Sie hilft uns, unsere Fehler bewußt zu machen und sie schneller zu überwinden. Sie gibt uns die Kraft, auch schwierige Aufgaben zu bewältigen; sie hilft uns durch die Verbundenheit mit Gott, durch die Liebe zu Ihm auch im größten Leid nicht zu "leiden". Sie bringt uns dem Himmel ein Stück näher, denn der Himmel wartet nicht erst nach dem Tode auf uns. Himmel ist bereits auf der Erde. Für jeden von uns existiert er in dem Maße, wie er ihn in seinem Herzen verwirklicht. Himmel ist das Einssein mit Gott, und das ist sehr wohl auch schon auf der Erde möglich.

Allzuoft verlieren wir uns im Hintergrund, im Unwichtigen, und das Wesentliche verschwimmt.

VII. Meditation in der Vollendung

Auf dem Weg

Zu allen Zeiten gab es Mystiker auf der ganzen Welt. Es waren dies Männer und Frauen, die eine bewußte Verbindung mit Gott erlebten. Es waren Menschen wie Mose oder Elia im Alten Testament, wie Meister Eckhart, der Heilige Bernhard von Clairevaux oder die Heilige Hildegard von Bingen. Sie alle machten sich auf den Weg, Gott inwendig in sich zu suchen. Und was sie von Ihm erlebt haben, versuchten sie stammelnd der Welt in Worten mitzuteilen. Aber nur die, die ebenfalls die Göttliche Gegenwart in ihrem Inneren entdeckt haben, können wirklich verstehen, was sie gemeint haben.

Machen wir uns heute genauso auf den Weg nach diesem Reich des Friedens und der Harmonie. Wir finden es nicht in der äußeren Welt, sondern nur in der Tiefe unserer Seele. Dort wohnt unser wahres Sein, unsere Göttliche Identität, aus der wir entstanden sind und zu der

Meditation ist die Konzentration auf das Wesentliche.

jedes Lebewesen zurückkehren wird. Dieses Grundprinzip jeglicher Mystik offenbarte uns Jesus mit den Worten: *"Der Vater aber, Der in Mir wohnt, Der tut Seine Werke" (Joh 14,10)*. Wir dürfen nicht vergessen: Auch Jesus war ja ganz Mensch. Seine Göttlichkeit mußte er beim Vater "zurücklassen". Und er hatte nur die eine Möglichkeit, Gott durch sich wirken zu lassen, die wir auch haben: sich vorbehaltlos hingeben in "Gedanken, Worten und Werken". Er hat die Meditation so vollendet beherrscht, daß Er ständig in einem meditativen Kontakt zum Vater lebte, daß Er sich ständig "in Seiner Mitte" befand.

Jesus nannte diese Göttliche Gegenwart und Kraft den *"Vater in uns"*. Paulus sprach etwas später: *"Alles vermag ich durch Ihn, Der mir Kraft gibt" (Phil 4,13)*. Mit welchem Namen wir Ihn auch bezeichnen - Gott, Vater oder Christus - Er ist inwendig in uns. Paulus gelangte zu solch einer Tiefe dieses Bewußtseins der Gegenwart Christi in seinem Inneren, daß er ausrief: *"Nicht mehr ich lebe, sondern Christus lebt in mir" (Gal 2,20)*. Mit anderen Worten, das Wirken des Heiligen Geistes wird in uns lebendig und übernimmt die Führung in unserem Leben. Geschieht es, *"daß der Geist Gottes in uns wohnt"*, dann sind wir *"Kinder Gottes"*.

Als menschliche Wesen leben wir in dem Gefühl, von Gott getrennt zu sein. In Wirklichkeit aber gibt es keine direkte Trennung von Ihm. Gott ist unendlich, Gott ist alles, was ist. Es kann in der ganzen Schöpfung keine Substanz geben, die nicht in Gott ihren Ursprung hat, sonst wäre Er nicht unendlich. Wir haben es ja in den einleitenden Kapiteln schon besprochen. Und somit können wir ebensowenig von Gott getrennt sein wie ein goldener Ring von dem Gold, aus dem er gemacht ist. Es gibt keine Möglichkeit, das Gold vom Ring zu trennen, ohne den Ring zu zerstören. Genausowenig gibt es die Möglichkeit, Gott von uns zu trennen. Im selben Augenblick würden wir aufhören zu existieren. Unser Leben, unser Geist, unsere Seele und unser ganzes Sein bestehen aus Gott. *"Sei still und wisse, daß ich Gott bin."* Die Meditation führt uns zu einer ganz persönlichen Erfahrung, in der wir erkennen, daß es Gott gibt. Von diesem Augenblick an kennen wir Gott durch Erfahrung, und unser ganzes Leben beginnt sich zu wandeln. Das Gefühl einer göttlichen Gegenwart - größer als wir selbst - wird in uns lebendig. Dies ist die Erfahrung aller Mystiker. Gott wird zu einer aktiven Kraft in unserem Leben. Diese bewußte Wahrnehmung Seiner Göttlichen Gegenwart wird zu einer lebendigen Tatsache in unserem Leben. Wenn wir Gott erkennen, so finden wir auch zugleich das Geheimnis des harmonischen Lebens.

"Wenn aber jener kommt, der Geist der Wahrheit, wird er euch in die ganze Wahrheit einführen" (Joh 16,13). Nach diesem Geist Jesu müssen wir trachten. Dazu bedarf es unserer Anstrengung, vor allem aber der Gnade Gottes.

"Denn aus Gnade seid ihr durch den Glauben gerettet, nicht aus eigener Kraft - Gott hat es geschenkt -, nicht aufgrund eurer Werke, damit keiner sich rühmen kann."
(Eph 2,8 f)

Die Gnade Gottes

"Meine Gnade mag dir genügen" (2 Kor 12,9). Dies ist die wichtigste Voraussetzung auf dem Weg zu Gott, die Gnade Gottes. Ohne sie besäße wohl niemand den Mut und den Antrieb, sich auf den mühsamen Pfad der Suche nach lebendiger Gotteserfahrung zu begeben. Wenn wir die Verbindung mit der unerschöpflichen Quelle göttlicher Liebe erfahren, leben wir nicht mehr durch persönliche Anstrengung allein, sondern durch das Sich-Ergießen Göttlicher Gnade in unser Leben. Nur indem wir lernen, in unserem Innersten nach diesem schöpferischen Geist Christi Ausschau zu halten, beginnen wir das Wesen der Gnade zu erahnen.

Diese Gnade ist der himmlische Besitz, der uns als *"Erben Gottes und Miterben Christi"*, als *"Söhne und Töchter Gottes"* zukommt. In ihr ist auch die Fülle aller irdischen Güter enthalten. Die Kinder Gottes leben durch Gnade.

Das Geheimnis der Gnade ist der stete Kontakt mit Christus, dem alles umfassenden Mittelpunkt unseres inneren Seins. Das Neue Testament nennt es *"von neuem geboren werden"* oder *"Wiedergeburt in Christus"*. Im Leben jedes Gottsuchers tritt ein Augenblick ein, da die Hand Gottes ihn berührt, da ein Strahl Gottes in sein Bewußtsein eindringt, nicht durch sein eigenes Bemühen, sondern trotz(!) dieses Bemühens, trotz seiner selbst. *"Zur Zeit der Gnade erhöre Ich dich" (Jes 49,8)*. Wir müssen die Zeit für die Gnade abwarten können, müssen die Geduld aufbringen, bis wir reif sind dafür. Wenn wir nicht mehr nach dem Frieden suchen, den die Welt geben kann, sondern allein nach *"Meinem Frieden"*, nach dem Frieden Christi, dann öffnen sich die Tore des Bewußtseins dem geistigen Licht. Dieses Geschenk Gottes aber kann nur erlangt werden, wenn wir uns in einem Zustand innerer Stille und Empfänglichkeit, eines inneren Gewahrwerdens befinden. *"Denn ihr alle habt Anteil an der Gnade" (Phil 1,7).*

Diese Gnade ist also ein Geschenk Gottes, ohne daß wir es verdient oder erarbeitet hätten. Sie ist das Wirken Gottes in unserem Leben und in allen Dingen. Dieses Wirken Gottes allein soll uns Genüge sein. *"Ich bin gekommen, daß sie das Leben haben und es in Fülle haben" (Joh 10,10).* Lassen wir den Geist Jesu in unserem Gebet wirksam werden, *"denn wir wissen nicht, was wir beten sollen, wie sich's gebührt; sondern der Geist selbst vertritt uns aufs beste . . ."*

Darin liegt das Geheimnis der Meditation: In Wirklichkeit sind nicht wir es, die da beten oder meditieren. Der Geist ist es, der in uns meditiert. Wir öffnen nur unser Bewußtsein dem Geist, damit er offenbare, was wir bedürfen und die Erfüllung bringe. *"Sprich, Herr, dein Knecht hört."* Dies ist die wahre Einstellung zur Meditation - das Öffnen unseres Bewußtseins für Gott, damit Er selbst Sich in uns erfülle.

Was ist nun unser Zutun auf diesem Weg zur Erfahrung der göttlichen Gegenwart in unserem Leben? Der schnellste Weg ist der Weg absoluter Hingabe und Weihe an Christus. Paulus umschreibt es: *"Nicht mehr ich lebe, sondern Christus lebt in mir" (Gal 2,20).* Christus tritt in mein Leben, Christus handelt in mir, durch mich und als mein Ich. Christus lebt mein Leben für mich. *"Der Vater aber, Der in Mir wohnt, Der tut Seine Werke" (Joh 14,10).*

Das Wesen der Gnade ist nicht so leicht zu verstehen, und es gab auch in der Kirche immer wieder sehr kontroverse Diskussionen darüber.

Gnade ist ein Geschenk Gottes, das nicht an eine Gegenleistung gebunden ist. Sie kann den größten Sünder unvermittelt treffen und ihn - wie damals Paulus - unvermittelt zu Boden reißen. Genauso kann es sein, daß der Frömmste "vergeblich" darauf wartet - oder auch nur meint, vergeblich darauf zu warten. Wir müssen uns von der Vorstellung lösen, alles hinterfragen zu können. Wir kennen die Zusammenhänge nicht, wir kennen nur den Schein. Wir wissen nicht, was früher war, wir wissen nicht, was später sein wird. Wir müssen eben wieder einmal *"werden wie die Kinder"*, und demütig glauben bzw. aus unserem Gefühl heraus wissen, daß Gott in Seiner Gerechtigkeit unendliche Liebe ist.

Nur eines gehört unbedingt zur Gnade dazu: Wir müssen bereit sein, sie anzunehmen und zwar bedingungslos. Dazu brauchen wir die Meditation.

"Gott ist die Liebe, und wer in der Liebe bleibt, bleibt in Gott, und Gott bleibt in ihm. Daran erkennen wir, daß wir in Ihm bleiben und Er in uns bleibt: Er hat uns von seinem Geist gegeben." (1 Joh 4,16 und 13)

Leben in voller Blüte

Das Pfingsterlebnis

Pater Matthias Utters OFM sagte einmal: *"Und demnach ist Pfingsten damals der Auftakt, daß Gott jeden Tag unzählige Male Mensch wird, wenn wir es wollen. Jeder von uns ist diese Möglichkeit. Pfingsten ist multipliziertes Weihnachten. An Weihnachten wird Gott Mensch, an Pfingsten werden wir Christus."* (Meditationen im Kirchenjahr, erschienen im Verlag POSITIVES LEBEN)

Was wir dazu noch benötigen, ist die Gabe der Empfänglichkeit, die Christus erkennt und sich Ihm öffnet, wenn Er unsere Seele berührt und sie zu neuem Leben erweckt. Christus spricht dann zu uns: *"Ich will dich nicht verlassen noch versäumen . . . Ich bin bei euch alle Tage bis an das Ende der Welt."* Dieses Bewußtsein der Gegenwart Christi wird durch Geduld und Ausdauer, in der Stille und im Schweigen entwickelt: *"Sei still und wisse, daß ich Gott bin." "Denn aus Gnade seid ihr durch den Glauben gerettet, nicht aus eigener Kraft - Gott hat es geschenkt - nicht aufgrund eurer Werke, damit keiner sich rühmen kann" (Eph 2,8 f).*

Dies ist die Lehre Jesu: *"uns selbst zu verleugnen"* oder *"täglich zu sterben"*. Paulus umschreibt es so: das Sterbliche fallen zu lassen, auf daß wir bekleidet würden mit dem Unsterblichen und Gott sich offenbare in all seiner Herrlichkeit als unser individuelles Sein. Solange noch ein persönliches "Ich" da ist, das etwas zu erreichen, zu vollenden, zu erwerben sucht, besteht noch eine Selbstheit, die danach trachtet, sich selbst durchzusetzen, getrennt und abseits von Gott. Doch es ist möglich, sich zu verleugnen, *"täglich zu sterben"*; denn Selbstverleugnung ist die Erkenntnis, daß ich aus mir selbst nichts bin oder habe; daß ich aus mir selbst weder gut noch weise sein kann, weder geistige Kraft gewinnen kann noch Gesundheit oder Reichtum. Das ist die einzige Selbstverleugnung, die es gibt, und das ist *"tägliches Sterben"*. Es ist das Aufgeben des Versuches, für uns selbst irgend etwas zu gewinnen. Jeder irdische Wunsch muß liebevoll beiseite geschoben werden, bis nur noch der eine Wunsch übrigbleibt: Ihn zu erkennen, Den zu kennen *"wahres Leben"* bedeutet, Jesus Christus.

Dann sehen wir *"Ihn, wie Er ist"*, und Gott erscheint als die Ganzheit und die Fülle, die Harmonie, der Friede und die Freude unseres Lebens. Wenn wir unser Leben, unser individuelles Sein, ganz Gott vorbehalten und es Ihm ohne jede Eigensucht zur Verfügung stellen, befreit uns diese Hingabe von aller persönlichen Verantwortung. Wir können dann Zuschauer sein, wie Gott Sein Werk durch unser Bewußtsein vollbringt.

Doch Pfingsten beinhaltet nicht nur das "Aufbrechen des Geistes" in uns. Es verpflichtet uns auch, diesen Geist in die Welt hinauszutragen. *"Wenn es noch möglich wäre, zwischen Weihnachten und Pfingsten mit seinem Jesus allein zu sein und bei Ihm allein seine Ruhe zu finden, dann geht das nach Pfingsten*

nicht mehr." (Pater Matthias Utters) Und weiter: *"Wir dürfen also nicht einer Pseudogeistigkeit, einer selbstbezogenen Frömmigkeit anheimfallen, das ist Sünde wider den Heiligen Geist. Pfingsten steht auch heute noch gegen alle Selbsterfahrung und Selbstverwirklichung."* Selbstverwirklichung ist die Todsünde des Christen. Wir müssen zulassen, daß Christus sich in uns verwirklichen kann, daß Christus unser Selbst mit Seiner reinen Substanz ausfüllen kann: mit Gott. Gott ist nie allein, Gott ist die Fülle, Gott ist Alles und das Wesen Gottes ist die Liebe. Jesus Christus ist nicht für einige wenige "Auserwählte" gestorben. Er ist für alle (!) gestorben. Auch wir dürfen niemanden ausschließen, auch wir müssen für alle "sterben" im Gebet, in der Meditation, in unserem Leben. Darum ist auch das Streben nach "Selbstverwirklichung" so verkehrt, ja schädlich! Selbstverwirklichung würde die Möglichkeit der Selbsterlösung voraussetzen, wie es die östlichen Religionen lehren. Danach muß sich der Mensch durch eine Kette von unzähligen Erdenleben durch langsame Reifung *selbst* erlösen! Die Selbsterlösung, das ist der große Trugschluß! Selbsterlösung kann es nicht geben! Dafür hätte nämlich Gott nicht Mensch werden und auch nicht für uns sterben müssen! Durch dieses unvorstellbar große Opfer ruft Er uns ständig zu: "Erkennt doch endlich, daß ihr zu schwach seid! Erkennt doch endlich, daß nur Ich euch erlösen kann!" Alles andere ist Trug und Selbsttäuschung! Nur Er kann uns erlösen, und Er will uns alle(!) erlösen. Doch das kann Er erst dann, wenn wir bereit sind, uns von Ihm erlösen zu lassen. Wie lange dies dauert und welche Mittel Er dazu einsetzt, bis unser Starrsinn gebrochen ist, bis wir endlich bereit sind dazu, wer weiß es? Überlassen wir es doch einfach Ihm! Aber helfen müssen wir Ihm dabei!

Gott hat auf dieser Welt keine Hände und keine Füße und keine Stimme. Wir müssen Ihm Hände und Füße und Stimme sein. Wir müssen uns Ihm zur Verfügung stellen, und das geht nicht mit Selbstverwirklichung. Das geht nur dann, wenn wir in aller Demut unsere eigene Nichtigkeit erkennen und zulassen, daß sich Christus in uns verwirklicht. Nur mit Ihm sind wir stark, und nur die Liebe zu diesem allumfassenden Gott in jedem unserer Mitmenschen, als einem "Gotteskeim" kann uns in Gott verwirklichen. *"Gott ist nicht anders zu haben als mit den anderen."* Das ist die Wahrheit von Pfingsten.

"Die Erkenntnis macht aufgeblasen, die Liebe dagegen baut auf. Wenn einer meint, er sei zur Erkenntnis gelangt, hat er noch nicht so erkannt, wie man erkennen muß. Wer aber Gott liebt, der ist von Ihm erkannt." (1 Kor 8,1-4)

Das Leben vergeht

Unio mystica

Alleiniges Ziel der Meditation ist es, uns freizumachen für dieses "Pfingsten", jedes selbstsüchtige Hindernis beiseite zu räumen. Unser Blick ruhe ständig auf dem Einen unsichtbaren Christus im Mittelpunkt unseres Wesens. Jede Meditation, die auch nur die Spur des Verlangens in sich trägt, von Gott etwas zu erhalten oder durch Ihn etwas zu erlangen, ist keine wahre Meditation mehr. Meditation ist nicht der Versuch, Krankheit in Gesundheit oder Mangel in Fülle zu verwandeln. Einzig und allein das Erlangen Göttlicher Gnade darf ihr Ziel sein. *"Alles andere wird euch in Fülle hinzugegeben werden."*

Ein jeder muß sich in das innere Heiligtum seines eigenen Wesens zurückziehen und Gott dort finden. Bis zu einem gewissen Grade ist es möglich, mit anderen gemeinsam den gleichen Weg in unserer Entwicklung zu gehen; doch müssen wir uns stets vergegenwärtigen, daß die Gotteserfahrung eine individuelle ist. Und käme sie inmitten einer Menge zu uns, es wäre und bliebe eine Erfahrung des einzelnen.

In dieser Gemeinschaft mit Gott wird Christus zu einem fortgesetzten Erlebnis. Und schließlich wird eine vollständige Wandlung herbeigeführt: Wir leben nicht mehr unser eigenes Leben, Christus lebt unser Leben für uns und durch uns. Wir werden nicht mehr und nicht weniger als ein Instrument für dieses Göttliche Wirken Christi. Erreicht die Gemeinschaft mit Gott ihren Höhepunkt, so tritt sie in die letzte Beziehung ein: in die Vereinigung mit Gott (unio mystica). Ist dieser Zustand erreicht, so besteht keine Gemeinschaft mehr, weil nicht mehr zwei vorhanden sind. Es ist nur noch das Eine da, und dieses Eine ist Gott, Der Sich Ausdruck verleiht, Sich offenbart und erfüllt. Es ist die mystische Hochzeit, wir sind zum "mystischen Leib" Christi geworden. *"Ich und der Vater sind eins"* - das ist die göttliche Vereinigung.

Wieweit Gott diese Vereinigung schon zu unserer Erdenzeit in unser Bewußtsein dringen läßt, das müssen wir Ihm überlassen. Erinnern wir uns: Jeglicher eigene Wunsch muß erloschen sein, selbst das Einswerden mit Gott darf von uns nicht "gewünscht" werden, wir können nur offen bleiben dafür. *"Nimm mich mir und mach mich ganz zu eigen Dir"* und *"Dein Wille geschehe"*, nur so kann unser Wunsch lauten.

Wir sind wie eine Regentonne, oft mit Schutt gefüllt und mit einem Deckel fest verschlossen. Gebet und Meditation helfen uns, den Deckel zu öffnen und den Schutt los zu werden. Ob es regnet, wann es regnet, wieviel und wie oft es regnet, darauf hat die Regentonne keinen Einfluß. Und auch ihr Wunsch, es möge doch endlich regnen, ist töricht und nutzlos. Die Kirche kennt Mystiker, die ganz zu dieser Einheit geworden sind, sie kennt Menschen, die diese Vereinigung immer wieder erleben durften, und sie kennt Menschen, deren Sehnsucht trotz ihrer Heiligkeit auf Erden nicht gestillt wurde. Zu ihnen gehört die Hl. Therese von Lisieux. Sie drückte es so aus:

"Ich nehme es hin, hienieden der Sanftmut Deines Antlitzes nicht teilhaftig zu werden."

Augenblicke der Vereinigung sind unschätzbar. Sind sie auch selten, so sind sie doch kostbarer als "Gold und Edelsteine". Öffnen wir durch das Gebet den "Deckel" und räumen wir in der Meditation den "Schutt" beiseite und hören wir auf, uns selbst im Wege zu stehen. Auch die letzte Versuchung, die Selbstsucht zu glauben, daß wir von uns aus etwas sein oder erreichen könnten, muß dem in uns erstandenen Christus weichen. Es gibt einen schwerwiegenden Grund, warum wir nie aus Selbstsucht Erkenntnis anstreben dürfen. Paulus nennt ihn im Hebräerbrief 6,4:

"Denn es ist unmöglich, Menschen, die einmal erleuchtet worden sind, die von der himmlischen Gabe genossen und Anteil am Hl. Geist empfangen haben, die das gute Wort Gottes und die Kräfte der zukünftigen Welt kennengelernt haben, dann aber abgefallen sind, erneut zur Umkehr zu bringen."

Erkenntnis zu erhalten, bevor wir innerlich so gefestigt sind, daß wir über jeden Zweifel erhaben sind, das könnte für uns gefährlich werden. Denn *"die Mächte der Finsternis"* werden uns weiter versuchen, so wie der Teufel ja auch Jesus versucht hat. Und dann müssen wir standhaft bleiben.

"Denn wir haben nicht gegen Menschen aus Fleisch und Blut zu kämpfen, sondern gegen die Fürsten und Gewalten, gegen die Beherrscher dieser finsteren Welt, gegen die bösen Geister des himmlischen Bereichs. Darum legt die Rüstung Gottes an" (Eph 6,12 f).

Die Rüstung Gottes erhalten wir in der Meditation in überreichlichem Maße. Und wenn wir uns ganz auf Ihn verlassen und von Ihm führen lassen, so kann uns nichts geschehen. Wir brauchen nicht die geringste Angst zu haben. Gott wird nie zulassen, daß unserer Seele auch nur *"ein Haar gekrümmt"* wird. In der Taufe hat er uns Sein Kreuz gleich einem Wasserzeichen für alle Zeiten unauslöschlich in unsere Seele eingewoben, gleich einem ewigen Band der Liebe. Nur Gott weiß, wann wir soweit sind, wann wir innerlich gefestigt sind, wann Er uns ganz an Sich ziehen kann.

Darum ist auch die Demut so wichtig, die völlige Unterwerfung unter den Willen Gottes, ohne jeden eigenen Wunsch. Wahre Demut erzeugt Liebe, und Demut und Liebe sind der Boden, der Erkenntnis hervorbringt.

"Ich bin die Auferstehung und das Leben. Wer an Mich glaubt, wird leben, auch wenn er stirbt, und jeder, der lebt und an Mich glaubt, wird auf ewig nicht sterben." (Joh 11,25)

Ist der Tod das Ende...

"Der Geist ist es, der lebendig macht, das Fleisch nützt nichts" (Joh 6,63). Diese Worte Jesu bedürfen keiner Erklärung. Unseren materiellen Körper, den können wir ruhig aufgeben, er *"nützt nichts"*. Doch wer bin ich dann? Mein Ich, das ist meine Geistseele! Ihren Ursprung hat sie direkt in Gott! Sie ist in Wahrheit ein "Kind Gottes". Sie ist unsterblich und sie ist das Leben. Bei der Zeugung wird sie mit einem Leib bekleidet, oder wie der Heilige Augustinus sich ausdrückt: *"Die Seele gestaltet den Körper"*, einen Körper, den sie braucht, um sich hier auf der Erde bewegen zu können, für ihre Wanderschaft zu Gott. Und diesen Leib darf sie beim Tod wieder ablegen.

Unser Geist ist nach dem Tod des Körpers genauso lebendig wie vorher. Er streift nur den Leib wieder ab und damit auch die Fessel der Materie, an die ihn für die Zeit des Erdenlebens die Gesetze unserer Welt gebunden haben. Die Beweise hierfür sind unzählig, und es ist uns ein Rätsel, wie viele Menschen und Weltanschauungen ein Weiterleben nach dem Tode einfach leugnen. Daß Geist und Körper keine Einheit sind, bestätigt schon der Apostel Paulus, der in 2 Kor 12,2 von einem *"Diener Christi"* berichtet, der schon zu Lebzeiten in den Himmel entrückt worden sei, *"ob mit oder ohne Leib"*, das wisse er nicht. Wenn ich allerdings glaube, daß Gott ein Tyrann ist, dann muß ich den Tod fürchten als meinen schlimmsten Feind, denn er würde mich ja der Hand eines Tyrannen ausliefern. Leider gibt es auch viele Christen, die Angst haben vor Gott und damit naturgemäß auch vor dem Tod, denn erst der Tod liefert sie ja Gott ganz aus. Gott wird oft noch als der eiskalte Richter gesehen, Seine Gerechtigkeit erscheint als Härte, Seine Liebe gilt nur den "Guten". Mitleidlos und unbarmherzig wirft Er alle, die versagt haben ewig in die Hölle! Der christliche Glaube ist untrennbar mit dem Leben nach dem Tode verknüpft:

"Ich gebe ihnen ewiges Leben. Sie werden niemals zugrundegehen!" (Joh 10,28), "Vater, ich will, daß alle, die Du mir gegeben hast, dort bei mir sind, wo ich bin!" (Joh 17,24), und unzählige Male mehr. Nun hängt aber unsere Einstellung zum Tod unmittelbar mit unserem Gottesbild zusammen. Bei einem "Rachegott"-Gottesbild läßt einen ja schon die bloße Vorstellung des Sterbens erschrecken. Wer darin noch verhaftet ist, werfe es bitte schnellstens über Bord. Gott ist Liebe und nichts als Liebe. Gott hat alles erschaffen, wir alle sind Seine Werke. Hat Er etwa so viele Fehler gemacht, daß Er die meisten von uns wieder vernichten muß? Das macht ja nicht einmal ein Mensch! Oder sie in der Hölle ewig "braten" lassen, ohne diesen Wesen je wieder eine Chance zu geben? Nein! Gott ist Liebe - und wahre Liebe liebt alle gleich. Alle und zu allen Zeiten! Gott *ist* Liebe! Er hat nicht Liebe, sondern Er *ist* Liebe. Wenn Gott ewig ist, so ist auch Seine Liebe ewig! Zu allen Zeiten hält Er uns seine Hand hin. An uns liegt es, ob wir sie ergreifen.

Nur weil Er allein den Überblick über alles hat, dürfen wir uns nicht anmaßen, in unserer Begrenztheit Gottes Plan völlig durchschauen zu wollen und womöglich gleich noch zu verbessern. Gott ist Liebe, und in der Meditation können wir Ihn als solche erfahren. Wir dürfen vieles fühlen, vieles ahnen und vieles glauben. Nur eines werden wir ganz sicher wissen: Gott ist Liebe, Gott ist unendlich und unendliche Liebe hört nie auf! Nie! Und dann wird es zur Gewißheit: daß es ein Leben nach dem Tode gibt, und wir können voll Freude sagen: "Der Tod ist das schönste am Leben". Er öffnet das Tor zu Licht, Liebe und Frieden. Auch unsere Fehler werden dies nicht verhindern können. Wenn wir uns Christus ganz hingeben, brauchen wir uns um nichts mehr zu kümmern und nichts mehr zu fürchten.

"Keiner von uns lebt sich selber, und keiner stirbt sich selber" (Röm 14,7).

Der Tod wird uns nie versehentlich ereilen, es gibt keinen Tod aus Versehen! Wir brauchen uns noch nicht einmal um unsere Angehörigen zu sorgen, auch sie hat Gott in Seine Rechnung mit einbezogen. Auch wenn es uns oft anders er-scheint.

Bei der Natur können wir es jedes Jahr erleben, wie aus dem (scheinbaren) Tod neues Leben erwacht. Wie der wilde Wein im Sommer blüht, im Herbst welkt und im Winter stirbt, nur um im nächsten Frühjahr noch großartiger dazustehen, so wird auch uns der Tod Großartiges bereitstellen. Angst? Bei einem Tyrannen ja, doch Liebe kennt nicht einmal dieses Wort! Wer in der Meditation gelernt hat, mit Paulus *"täglich zu sterben"*, der kann den Tod nicht fürchten, bei aller Liebe nicht!

Glaube und Gebet aus Angst vor Strafe? Nein! Nur was aus der Liebe geboren ist, kann in die reinen Sphären der Liebe zurückkehren.

"Geht durch das enge Tor! Denn das Tor ist weit, das ins Verderben führt, und der Weg dahin ist breit, und viele gehen auf ihm. Aber das Tor, das zum Leben führt, ist eng, und der Weg dahin ist schmal, und nur wenige finden ihn."

(Mt 7,13)

VIII. Schlußbetrachtungen

Kann Meditation schädlich sein?

Manche haben Angst, sich ganz zu entspannen, sich ganz der Meditation hinzugeben, weil sie nicht sicher sind, "ob da nicht doch etwas passiert". Sie können völlig beruhigt sein, es kann überhaupt nichts passieren! Auch wenn uns unsere Gedanken einmal weit wegführen, wir kommen immer wieder zurück. Schirmen Sie sich ab, wie wir es beschrieben haben, und geben Sie sich ganz der Meditation hin, ohne Vorbehalte, ohne Einschränkungen. Mit seelischen oder geistigen Verkrampfungen läßt es sich nicht meditieren.

Leider herrscht über das Thema Meditation vielfach völlige Unkenntnis bzw. recht abenteuerliche Vorstellungen, so daß auch manche tiefgläubige Menschen ängstlich davor warnen. Sie ordnen Meditation in den Bereich des Okkulten und der Magie ein und übersehen völlig, daß es viele herausragende christliche Mystiker gegeben hat und gibt, und daß Meditation zwingende Voraussetzung für die Mystik ist. Man kann die Meditation zwar nicht wissenschaftlich ergründen, aber das gilt auch für das Gebet. Es ruft auf geheimnisvolle Weise Wirkungen hervor, die unser Verstand und unsere Wissenschaft nicht begreifen oder erklären können. Und christliche Meditation in der von uns beschriebenen Art und Weise ist lediglich die Vertiefung des Gebetes, die stärkere Hingabe an Gott, möglich geworden durch die Abschaltung unserer Eigeninteressen und allzu menschlicher Gedankenwelt.

Je mehr die christliche Meditation Verbreitung findet, desto mehr werden sich warnende Stimmen erheben. Wir müssen auf der Hut sein vor den "Wölfen im Schafspelz". Satan wird eine so gewaltige Machtbeschneidung, wie er sie durch die christliche Meditation erfahren muß, nie freiwillig hinnehmen. Er wird alles daran setzen, sie zu verhindern, und sehr viele sind in der heutigen Zeit - wissentlich oder unwissentlich - zu seinem Sprachrohr geworden.

Wir müssen wieder lernen zu glauben und zu vertrauen, und wir müssen lernen, uns Gott vorbehaltlos zur Verfügung zu stellen. Er braucht Werkzeuge hier auf Erden, um Seine Werke vollbringen zu können. Wir müssen diese Werkzeuge sein. Doch dazu benötigen wir eine Ausbildung, die uns befähigt, auf Seine Schwingung zu reagieren, Seine Kraft aufzunehmen und sie in Seinem Sinne, nach Seinem Willen zu verwenden. Das ist christliche Meditation.

Geben Sie nicht nach! Lassen Sie sich nicht abbringen von Ihrem Weg! Gehen Sie vertrauensvoll durch alle Prüfungen und Beschwernisse und seien Sie versichert: Es kann Ihnen nichts passieren! Christliche Meditation legt uns in die Hand Gottes, und das ist der einzig sichere Platz in der ganzen Schöpfung.

"Fleisch und Blut können das Reich Gottes nicht erben, das Vergängliche erbt nicht das Unvergängliche".

(1 Kor 15,40)

"Nebenwirkungen" beim Meditieren

Eigentlich klingt es seltsam, wenn wir von Nebenwirkungen beim Meditieren sprechen. Aber es gibt doch eine Reihe von Empfindungen, die für viele Menschen ganz neue Erfahrungen darstellen und die sie nicht sofort einordnen können. Aus der Erfahrung jahrelanger Leitung von Meditationsgruppen möchten wir hierzu einige öfter vorkommende Beispiele anführen.

Beim Entspannen tritt oft ein Gefühl der Schwere oder Wärme in Händen, Armen oder Beinen auf. Viele kennen dies vielleicht vom Autogenen Training, wo die Entspannung ja direkt über diesen Weg der Hervorrufung von Schwere- und Wärmeempfindung erreicht wird. Auch ohne ein formelhaftes Vorsagen können diese Empfindungen im Körper auftreten. Das Schweregefühl entspricht einer mehr oder weniger totalen Entspannung der Muskeln. Es ist also eigentlich ein Zeichen besonders guten Lockerlassens. Da dieses absolute Entspannen aber im täglichen Leben außer im Schlaf nicht vorkommt, ist es für unser Tagesbewußtsein ein neues Erleben. Nachts im Schlaf wird dieser Zustand ja nicht bewußt registriert. Da unser Gehirn immer versucht, die Nervsignale aus der Peripherie irgendwelchen Vorstellungen zuzuordnen, entsteht oft bei diesem außergewöhnlichen Entspannungszustand das Gefühl der Schwere.

Der gleiche Zustand wird aber von anderen auch als genau das Gegenteil, nämlich als einen Zustand der Leichtigkeit oder des Schwebens interpretiert. Selbstverständlich schweben Sie dann noch nicht, sondern die ungewohnte Entspannung einer Reihe von Muskeln erzeugt in Ihrer Vorstellung einen solchen Zustand des Schwebens. Lassen Sie sich dadurch also nicht verunsichern, es ist eigentlich ein sehr positives Zeichen. Bereits nach 2 Wochen Übung hat sich Ihr Gehirn an diesen Zustand gewöhnt und ihn als selbstverständlich akzeptiert. Im seelischen Empfinden ist dieser Schwerezustand meist mit dem Gefühl der Gelassenheit und des inneren Friedens gekoppelt.

Vielen geht es so, daß Sie nach einer längeren Zeit der Übung so gut entspannen können, daß sie Ihre Arme und Beine nicht mehr zu spüren glauben. Aber auch da brauchen wir keine Angst zu haben, wir sind immer Herr über uns selbst und können uns auch selbst immer wieder in die Realität zurückholen. Schließlich handelt es sich ja bei unserer Meditation nicht um eine Hypnose.

Ähnlich verhält es sich mit dem Wärmegefühl. Hierbei werden die sogenannten Ringmuskeln der Blutgefäße besonders gut entspannt, der Durchmesser der Blutgefäße vergrößert sich, und entsprechend mehr warmes Blut kann hindurchfließen.

An den Fingerspitzen kann durch intensives Üben eine bis zu einem Grad höhere Hauttemperatur erreicht werden. Je wärmer, desto besser die Entspannung. Außerdem ist mit dieser intensiven Wärmeempfindung in der Regel ein Gefühl der Geborgenheit verbunden. Beim Wärmegefühl kann auch die Empfindung auftreten, die Hände seien auf die doppelte Größe angeschwollen. Aber auch dies sind nur Anpassungsprobleme des Gehirns, das zu ungewohnten Rückmeldungen seiner Außenstationen, sprich Nerven, eine passende Vorstellung entwickelt. Diese "falschen" Vorstellungen werden oft innerhalb weniger Übungstage ganz von alleine korrigiert.

Eine seltsame Empfindung im Halsbereich kommt relativ oft vor: Man hat das Gefühl, als ob der Hals sich verlängere, fast wie bei einer Giraffe. Hierbei werden die Muskelpartien im Halsbereich nicht gleichmäßig entspannt, und durch die ungewohnten Nervensignale wird die Vorstellungskraft des Gehirns in seltsame Bahnen gelenkt. Diese Mißempfindungen treten meist nur wenige Male hintereinander auf und verschwinden von selbst.

Durch ähnliche Rückmeldungen der Muskeln im Halsbereich können Empfindungen des Schwankens auftreten, da unserer Gehirn ja die aufrechte Haltung nicht nur aufgrund der Nervensignale des Schwindelorganes im Innenohr, sondern auch aufgrund der Kopfhaltung errechnet. Ungewohnt und ungleichmäßig entspannte Halsmuskeln können daher zu Gefühlen des Schwankens führen. Aus vielen Kursen wissen wir, daß die Meditierenden meist äußerlich ganz ruhig sitzen, ohne zu schwanken. Aber selbst wenn sie schwanken würden, gäbe es genügend Sicherheits-Reflexe in der Wirbelsäule, die uns vor dem Umkippen abrupt aufwecken würden. Wenn wir einen Schlafenden bei einer Busfahrt beobachten, sehen wir, daß der Kopf immer wieder auf die Brust sinkt, ab einem bestimmten Punkt aber durch einen Reflex wieder aufgerichtet wird. Diese Reflexe reagieren sogar mitten im Schlaf mit einer Zuverlässigkeit, die verblüffend ist.

Haben wir nach dem Üben größere Probleme mit Nackenverspannungen, so müssen wir unbedingt unsere Haltung korrigieren. Meist ist dann unsere Wirbelsäule zusammengesackt, und die schöne aufrechte Haltung, in der wir in uns selber ruhen, muß bewußt wieder angestrebt werden.

Da die Meditation durch die totale Entspannung des Körpers gerne den Blutdruck senkt, sollten Menschen mit niedrigem Blutdruck nach dem Üben nicht sofort aufspringen, sondern sich ausgiebig strecken und erst nach 3 Minuten aufstehen. Solange benötigt der Kreislauf für eine entsprechende Gegenregulation zur Stabilisierung. Bei hohem Blutdruck ist die Meditation sogar äußerst gesundheitsfördernd, denn sie senkt den Blutdruck innerhalb weniger Monate.

Eine seltene und ernst zu nehmende Erscheinung ist die sog. paradoxe Wirkung. Dies bedeutet, daß z.B. die Hände anstatt wärmer sogar kälter werden. Hierbei handelt es sich um eine mehr oder weniger gravierende Abwehrhaltung aufgrund von Ängsten, die meist Folgen früherer Erlebnisse sind. Diese

Menschen können nur sehr schwer sich loslassen oder lockerlassen. Aus irgendwelchen oft unbestimmten Ängsten heraus kontrollieren sie reflexartig alle ihre Bewegungen, um sich nur ja keine Blöße zu geben. Nur ganz mühsam, mit viel Geduld mit sich selbst, können diese Menschen eine wirklich entspannende Meditation erlernen. Haben sie es aber geschafft, so hat ihre Seele einen großen Entwicklungsschritt getan, und auch viele Ängste im täglichen Leben werden sich auffallend bessern.

Alarmsymptom einer sehr tiefen seelischen Störung, die meist schon aus der frühen Kindheit stammt, ist das Gefühl, in ein schwarzes Loch zu fallen. Es gibt sogar Menschen, die diese Empfindung über Wochen haben. Fast immer sind es unbewältigte Angsterlebnisse aus der Kindheit oder durch plötzliche Unfälle, die die Ursache solcher Störungen sind. Brechen Sie aber dann nicht gleich die ganze Meditation ab, sondern versuchen Sie, diese Empfindungen eine kurze Zeit lang auszuhalten. Wenn es unerträglich wird, ziehen Sie einfach Finger und Zehen an, wodurch Sie aus der tiefen Entspannung wieder etwas mehr ins Tagesbewußtsein zurückgeholt werden und diese Mißempfindungen verschwinden. Durch tägliches Üben und sanftes Heranwagen an diese Ängste können wir aber in unserer Seele einen Reifungsprozeß in Gang bringen, der zum Ausheilen solcher seelischer Narben führt und zu einem befreiten inneren Erleben. So können wir auf diese zärtliche Art unser eigener Psychotherapeut sein.

Lassen Sie sich aber durch diese sog. "Nebenwirkungen" nicht abschrecken, sie gehen alle nach kurzer Zeit vorüber. Auf uns warten dann die Früchte der Meditation: innerer Friede, Harmonie, heitere Gelassenheit, Selbstwertgefühl, richtig verstandenes Selbstbewußtsein und innere Freiheit.

"Auf den Felsen ist der Samen bei denen gefallen, die das Wort freudig aufnehmen, wenn sie es hören, aber sie haben keine Wurzeln: Eine Zeitlang glauben sie, doch in der Zeit der Prüfung werden sie abtrünnig.

Unter die Dornen ist der Samen bei denen gefallen, die das Wort zwar hören, dann aber weggehen und in den Sorgen, dem Reichtum und den Genüssen des Lebens ersticken, deren Frucht also nicht reift.

Auf guten Boden ist der Samen bei denen gefallen, die das Wort mit gutem und aufrichtigem Herzen hören, daran festhalten und durch ihre Geduld Frucht bringen."
(Lk 8,13-15)

Fehlersuche

Was tun, wenn "nichts mehr geht"? Eigentlich kann man gar nicht falsch meditieren! Genausowenig wie man Meditation erlernen kann. Man kann sie nur erfahren, erleben. Der einzig wichtige Punkt ist das Abschalten! Hierin müssen wir uns zunächst einüben und uns dann immer wieder neu darum bemühen. Wir müssen wirklich abschalten wollen! Wir müssen wirklich bereit sein, unsere Sorgen einmal ruhen zu lassen; auch mit Meditation wird es uns nicht gelingen, uns selbst zu überlisten! Wir können in der Meditation viel erreichen, aber wir müssen es wirklich auch wollen!

Wenn es uns abends nach einem stressigen Tag schwer fällt abzuschalten, können wir vor der Meditation zuerst noch ein bißchen ruhige Musik hören, aber nicht vor dem Fernseher sitzen oder aufregende Bücher lesen!

Es gibt immer wieder Phasen, wo es schlechter geht oder wo man das Gefühl hat, daß überhaupt nichts mehr geht. Trotzdem müssen wir durchhalten! Trotzdem müssen wir weiter meditieren! Erinnern Sie sich noch an das Kapitel "Geduld"? Auch unsere Ausdauer ist wichtig. Was soll Gott mit uns anfangen, wenn wir beim kleinsten Problem die Flinte gleich ins Korn werfen? Er muß wissen, daß wir auch in aussichtslos erscheinenden Situationen durchhalten! Denken Sie daran, auch wenn es mal längere Zeit nicht so gut klappt: Nicht verkrampfen und nichts erzwingen wollen, denn dann geht wirklich nichts mehr.

Eine große Gefahr droht uns auch von unserer Trägheit! *"Der Geist ist zwar willig, aber das Fleisch ist schwach."* Jesus kennt unser Problem. Es wird uns immer wieder Überwindung kosten zu meditieren. Denn es ist viel bequemer, sich passiv berieseln zu lassen von Fernseher, Stereoanlage oder Buch und dabei gemütlich im Sessel zu sitzen, als aktiv geistig zu arbeiten. Hier kann uns nur unser Wille weiterhelfen! Wenn Sie damit Probleme haben, dann nehmen Sie sie einfach mit in die Meditation und übergeben sie Ihrem Schutzengel. Beten Sie um die nötige Willenskraft und das Durchhaltevermögen.

Wir dürfen uns nicht in Kleinigkeiten verlieren! Lassen Sie sich Zeit, und setzen Sie sich nie unter Druck!

"Ich bin der gute Hirte. Der gute Hirte gibt sein Leben hin für die Schafe. Der bezahlte Knecht aber, der nicht Hirte ist und dem die Schafe nicht gehören, läßt die Schafe im Stich und flieht, wenn er den Wolf kommen sieht; und der Wolf reißt sie und jagt sie auseinander." (Joh 10,11f)

Meditation, das ist der Weg zu Gott in der Einsamkeit der Seele. Meditation, das ist Weihnachten, wo Christus in uns geboren wird. Doch Weihnachten ist nur der eine Teil, zum Ganzen gehört auch Pfingsten. Gott ist nicht alleine zu haben, wie wir ja im Kapitel über Pfingsten gesehen haben. Darum kann Meditation die Kirche auch nicht ersetzen. Meditation ist keine Selbstbefriedigung, sondern sie benötigt als Ergänzung die Gemeinschaft.

"Laßt uns nicht unseren Zusammenkünften fernbleiben, wie es einigen zur Gewohnheit geworden ist, sondern ermuntert einander" (Hebr 10,25).

Die Fähigkeiten und Kräfte, die uns Gottes Gnade in der Meditation schenkt, müssen wir in die Gemeinschaft mit einbringen. *"Wo zwei oder drei in Meinem Namen beisammen sind, da bin Ich mitten unter ihnen."* Pfingsten erlegt uns die Verpflichtung auf, den Geist Gottes in die Gottesdienste und Gebetskreise einzubringen, sei es durch aktive Gemeindearbeit, sei es durch einfaches "passives" Mitwirken. Jedes Gebetstreffen, jeder Gottesdienst läßt sich "durchmeditieren". Zum einen werden wir getragen duch die Schwingung der anderen bzw. durch das Geheimnis der Sakramente, zum andern kann durch uns als Mitglieder des "mystischen Leibes Christi" der Geist auch auf andere wirken. Auch wenn es Dinge gibt, die uns stören, auch wenn wir nicht mit allem einverstanden sein können. Wir müssen uns im klaren sein, daß die Kirche aus Menschen besteht und von Menschen geprägt wurde, aber daß sie immer noch die Kirche Jesu Christi ist. Und Christus hat uns die Verheißung gegeben, daß sie *"nie untergehen wird"*.

Es gibt heute im Sog der "New Age"-Bewegung eine Unzahl von Strömungen und Gruppierungen innerhalb und außerhalb der Kirchen, von denen sich viele in irgendeiner Form auf Christus berufen. Doch scheint "New Age" auch schon zu Zeiten des Evangelisten Johannes gewesen zu sein, denn schon damals mußte er vor dem "Geist des Antichrists" warnen: *"Liebe Brüder, traut nicht jedem Geist, sondern prüft die Geister, ob sie aus Gott sind, denn viele falsche Propheten sind in die Welt hinausgezogen. Daran erkennt ihr den Geist Gottes: Jeder Geist, der bekennt, Jesus Christus sei im Fleisch gekommen, ist aus Gott. Und jeder Geist, der Jesus nicht bekennt, ist nicht aus Gott. Jeder, der glaubt, daß Jesus der Christus ist, stammt von Gott. Wer den Sohn hat, hat das Leben; wer den Sohn Gottes nicht hat, hat das Leben nicht" (1 Joh 4,1-3; 5,1 u. 12).*

Viele deuten sich den "Sohn" im esoterisch-theosophischen Sinne aus, womit jeder "erwachte" Mensch gemeint ist. Das ist Unsinn, dann brauchte Johannes auf diese Bezeichnung keinen besonderen Wert zu legen. Mit Sohn ist hier im Sinne der Dreifaltigkeit das Heraustreten Gottes aus Sich selber, und die Menschwerdung des *"wahren und einzigen Gottes"* gemeint, letztlich eben Gott selber in Seiner für uns sichtbaren

Form: Jesus Christus. *"Er ist das Ebenbild des unsichtbaren Gottes" (Kol 1,15).*

Damit lassen sich die meisten dieser Bewegungen und Sekten entlarven. Doch auch innerhalb der Kirchen haben sich einige Bewegungen eingeschlichen, und es werden vielleicht in nächster Zeit noch mehr sein, von denen Johannes schreibt: *"Viele Verführer sind in die Welt hineingegangen. Achtet auf euch, damit ihr nicht preisgebt, was wir erarbeitet haben, sondern damit ihr den vollen Lohn empfangt!" (2 Joh 7 f).*

Doch auch diese Frage dürfen wir vertrauensvoll in die Meditation einbringen und Jesus Christus um Rat bitten. Seine Heilige Mutter, die ja auch Ihn geleitet hat, und unser Schutzengel werden auch uns sicher geleiten.

Ein Gottesdienst läßt sich wunderbar "durchmeditieren". Wie im Kapitel der "Meditationshaltungen" beschrieben, lassen sich für Stehen, Sitzen und Knien optimale Meditationshaltungen finden. Am Anfang wird der häufige Wechsel sowie die Unruhe oft als störend empfunden, aber bald sind Sie so trainiert, daß Sie darauf gar nicht mehr achten. Eine Kirche, vor allem eine alte, deren Erbauer noch die Gesetze von Form, Harmonie und Schwingung kannten und beachteten, ist in ihrer Wirkung auf uns nicht zu unterschätzen. Sie kann unsere Schwingung wesentlich verstärken. Auch die Schwingung der übrigen Gläubigen, die doch überwiegend positiv ist, kann uns schon ein schönes Stück weit mittragen. Doch das sind fast schon Nebensächlichkeiten gegen die Kraft der Sakramente. Mit Wissenschaft, auch mit noch so vielen theologischen Betrachtungen und Reden darüber, können wir dieses Geheimnis nicht ergründen. Es bleibt uns verborgen, wir können es bestenfalls glauben. Wenn wir jedoch anfangen, das Opfer Christi, Wandlung und Hingabe in der Heiligen Eucharistie zu meditieren, dann werden wir immer tiefer in dieses mystische Geheimnis eindringen. Wir brauchen nicht mehr zu glauben, wir können dieses Wunder erspüren, erfühlen. Nirgends ist es möglich, mehr Kraft zu erhalten, als im Sakrament der Heiligen Eucharistie,des Abendmahles, wenn wir uns Ihm bedingungslos hingeben. Sind wir auch noch weit davon entfernt, so läßt sich mit der Zeit doch erahnen, wie unsere großen Heiligen nur von der Hl. Eucharistie leben konnten. Wer einmal gespürt hat, wie diese Macht, diese Kraft seinen Körper erfaßt, der bleibt Christus ewig treu, den kann auch der stärkste Zweifel nicht mehr umreißen, der ist jeder Situation gewachsen, weil er Den in sich trägt, Der Herr ist über alle Probleme dieser Welt, über alle Mächte des Bösen, Der vor allem Herr ist über Sich selber - Jesus Christus.

In die Kirche gehen, weil es "Pflicht" ist, und dann über seinen Nachbarn genauso weiterschimpfen, das hat wenig Sinn. Nicht unsere Taten werden beurteilt, nur unsere Gesinnung, die dahintersteht, *"denn aufgrund deiner Worte wirst du freigesprochen, und aufgrund deiner Worte wirst du verurteilt werden" (Mt 12,37).* Für Worte steht hier im Urtext wieder das Wort *logos*, das wir schon als "Gedankenkraft" kennengelernt haben.

"Am Ende der Zeit wird es Spötter geben, die sich von ihren gottlosen Begierden leiten lassen. Sie werden die Einheit zerstören, denn es sind irdisch gesinnte Menschen, die den Geist nicht besitzen." "Ihr aber, liebe Brüder, gründet euch auf eueren hochheiligen Glauben, und baut darauf weiter, betet in der Kraft des Heiligen Geistes, haltet fest an der Liebe Gottes, und wartet auf das Erbarmen Jesu Christi, unseres Herrn, der euch das ewige Leben schenkt. Erbarmt euch derer, die zweifeln; rettet sie, entreißt sie dem Feuer! Furcht gibt es in der Liebe nicht, sondern die vollkommene Liebe vertreibt die Furcht."

(Jud 18 - 23, 1 Joh 4,18)

Kurzhinweise

- Bitte regelmäßig meditieren! Eine halbe Stunde täglich ist mehr als zweimal pro Woche zwei Stunden. Bei Zeitmangel wenigstens 15 Minuten morgens früh! Wichtig ist auch die Abendmeditation (wenigstens zehn Minuten).

- Hetze und Streß dürfen wir nicht an uns heranlassen. Mit Ruhe können wir in kürzerer Zeit mehr erreichen!

- Natur und eine natürliche Umgebung, Kleidung und Ernährung halten unser Energiefeld stabil und machen uns vitaler.

- Wir sollten uns ständig kontrollieren und uns keine negativen Gedanken erlauben. Wir müssen lernen zu lieben!

- Wir müssen lernen zu beten. Auch tagsüber, auch während der Arbeit. Jeder negative Gedanke läßt sich damit verjagen.

- Schlechte Einflüsse meiden: harte Krimis, Sex- und Horrorfilme und entsprechende Bücher und Hefte.

- Ebenso sollten wir schlechten Umgang meiden wie auch die üblichen Gespräche am Biertisch, beim Kaffeeklatsch usw., wo so oft nur über andere hergezogen wird und Geld, Mode, Sport und Autos zu Göttern erhoben werden.

- Wir können lernen, alles anzunehmen, was uns das Leben bringt. Wehren wir uns nicht dagegen. Alles trägt eine Botschaft in sich. Alles ist wichtig für uns, gerade auch Krankheit und Sorgen, aber identifizieren dürfen wir uns nicht damit! Sie betreffen nur unseren Körper! Unser Geist bleibt davon unberührt. Nur in der Bewältigung von Problemen können wir geistig reifen.

- Lassen wir Kleinigkeiten klein sein! Nur wenige Dinge sind wichtig. So wichtig, daß man sich darüber aufregen sollte, sind noch weniger!

- Wir müssen lernen nachzugeben, nicht um jeden Preis auf unserem Recht zu bestehen - wenn es um materielle Dinge geht! Wir müssen lernen, um Jesus zu kämpfen, in jeder Situation zu Ihm zu stehen, Ihn nicht zu verstecken.

- Wir können werden *"wie die Kinder"* in unserer Liebe und unserem Vertrauen zu Gott.

"Viele Seiner Jünger, die Ihm zuhörten, sagten: Was Er sagt, ist unerträglich. Wer kann das anhören? Jesus erkannte, daß Seine Jünger darüber murrten, und fragte sie: Daran nehmt ihr Anstoß? Was werdet ihr sagen, wenn ihr den Menschensohn hinaufsteigen seht, dorthin, wo Er vorher war? Der Geist ist es, der lebendig macht; das Fleisch nützt nichts. Die Worte, die Ich zu euch gesprochen habe, sind Geist und sind Leben."

(Joh 6,60-63)

Anmerkungen

Meditation will mehr sein als täglich eine halbe Stunde "sitzen und entspannen", Meditation kann unser Leben bestimmen.

"Schweigen zur Mitte hin", zu jeder Zeit sollten wir uns auf diesem Weg befinden. Schweigen, das heißt eigene Gedanken, vor allem negative und unnötige Gedanken auslöschen, eigene egoistische Wünsche und Begierden ausschalten und sie "zur Mitte hin zu tragen", unsere Gedanken und unser Wollen dem Zentrum unseres Seins zuzuführen: Jesus Christus.

Zu jeder Zeit sollten wir uns dessen bewußt sein und uns darin üben. Ein Hemmschuh auf diesem Weg sind alle weltlichen Sorgen und Begierden, ja auch sogar das Streben nach Glück und Gesundheit! Der Körper bleibt nicht ewig! Und den Geist bringt nur eines weiter: Liebe!

Lerne zuerst, Dich selber zu lieben, Deinen Nächsten wie Dich selbst und Gott über alles! Liebe, das ist immerwährende Verzeihung. Sie macht nie einen Vorwurf, auch nicht, wenn er berechtigt ist! Liebe verurteilt nie, tadelt nie, kritisiert nie! Liebe ist immer da, für jeden, umsonst.

Eine etwas hysterische Mitschwester der Hl. Therese von Lisieux konnte keinen Blumenduft ertragen. Sie fiel auch in Ohnmacht, als sie künstliche Blumen sah. Doch statt sie bloßzustellen, eilt Therese zu ihr, hilft ihr und sagt: *"Sehen Sie, wie geschickt man die Natur nachahmen kann."* ("Die Liebe von gestern genügt heute nicht mehr" von Pater Matthias Utters, im Verlag POSITIVES LEBEN).

Das ist Liebe! Das ist Christus! Und das müssen wir lernen, wenn wir Ihm nahestehen wollen - und sonst gar nichts!

Erwarten Sie in der Meditation keine "übernatürlichen" Erlebnisse. Erwarten Sie keine Lichterscheinungen, keine Selbstverwirklichung, keine Entrückungen, wie es oft versprochen wird. Liebe, Kraft, Geduld, innerer Friede und Durchhaltevermögen, das alles kann uns die Meditation verschaffen. Sie schützt uns vor dem Bösen und läßt uns unsere weltlichen Probleme besser bewältigen. Aber Meditation kann und darf kein Selbstzweck sein. Wo Ekstase, Erleuchtung, Erkenntnis, Körperbeherrschung oder Dinge wie "yogisches Fliegen" das Ziel sind, wo Effekthascherei Trugbilder produziert, da läßt sich die Wahrheit nicht finden. Erwarten Sie nichts, aber geben Sie alles! Gott will von uns um Seiner selbst willen geliebt werden, würde Er Sich uns in Seiner ganzen Größe zeigen, ließe Er uns ja gar keine andere Wahl. Im Dunkeln sollen wir Ihn erkennen - im Licht kann jeder sehen! *"Selig sind, die nicht sehen und doch glauben!" (Joh 20,29)*. Gott gibt uns erst dann die Sicherheit, wenn wir Ihm bewiesen haben, daß unsere Liebe zu Ihm nichts mehr erschüttern kann. Wer von uns mag den Zeitpunkt hierfür nennen?

Versuchen Sie nie, Gott zu etwas "zwingen" zu wollen. Wir wissen nicht, was für uns richtig ist. Bitten Sie Ihn nicht um etwas Bestimmtes - Gesundheit, Freude, Glück - sondern darum, daß Er uns das gibt, was wir auf dem Weg zu Ihm am dringendsten brauchen.

Eine große Rolle spielt es auch, warum wir geheilt werden wollen. Wollen wir das Leben besser genießen können, endlich wieder unbeschwert "wie die anderen" Urlaub machen, endlich frei sein von dem Leiden und den Schmerzen, die uns den Spaß am Leben verderben? Oder wollen wir gesund werden, um als fröhliche und tatkräftige Menschen das zu tun, was Gott von uns möchte? Wollen wir Gott unseren Willen und unsere Vorstellung von einem "erfüllten" Leben aufzwingen mit Gesundheit, Schönheit, Glück, Reichtum, Urlaub und möglichst sicheren Verhütungsmethoden - Kinder stören ja nur? Oder sind wir bereit, Gottes Willen anzunehmen, der sehr wohl für uns auch Schönheit, Zufriedenheit, Wohlstand, Erholung und Gesundheit bedeuten kann, aber nie als Selbstzweck, immer verbunden mit Aufgaben für uns, um uns weiterzuentwickeln, oder für andere - Kinder zu erziehen, unsere Arbeit gut zu verrichten, Kranken, Einsamen und allen Menschen, die Gott zu uns führt, Hilfe und Stütze zu sein!

Warum wollen Sie gesund werden?

Warum wohl vermag die heutige Medizin nur in den seltensten Fällen wirklich zu heilen? Warum wohl ist auch die Naturheilkunde meist überfordert, wenn nicht eigene tatkräftige Mithilfe, eine Änderung der Lebensgewohnheiten und eine andere Einstellung zum Leben den Ausschlag geben? Für viele sind daher Magie und Geistheilung zu Zauberworten geworden, die ja auch manchmal Erfolg haben. Doch Vorsicht! Alles hat seinen Preis! In der geistigen Welt gibt es nichts umsonst! Bitte merken Sie sich diesen Satz gut! Es gibt nichts umsonst! Und Geld gilt in der geistigen Welt nicht als Zahlungsmittel! Alles hat seinen Preis, den entweder Sie bezahlen müssen oder jemand anders. Für unsere Erlösung und unser göttliches Leben hat Jesus bezahlt. Seine Apostel und Jünger haben die Heilungen und Bekehrungen mit Ihrem heiligen und reinen Leben beglichen. Und es gibt auch heute noch Menschen, deren heiliges, reines, asketisches und aufopferndes Leben ausreicht, um große Dinge zu bewirken: Yogis genauso wie christliche Heilige, die Starzen der orthodoxen Kirchen genauso wie die Heiligen Lamas des Buddhismus. Wen ein Yogananda geheilt hat, für den hat er auch "bezahlt", und wer durch Pater Pio Hilfe erfahren hat, dem hat er keine Schulden hinterlassen. Ein Bruder Klaus oder ein Gandhi haben keinen Frieden herbeigezaubert - ihr heiliges Leben war die Gegenleistung dafür. Eine Therese von Lisieux hat die Gnade der Wundertätigkeit ganauso ihrem demütigen und aufopfernden Leben zu verdanken, wie ein heiliger Charbel seiner unvorstellbaren Askese. Auch einer Mutter Gottes ist ihre Kraft nicht in den Schoß gefallen. Alle haben sie "bezahlt" für ihr heiliges Wirken. Können Sie dies auch von den heutigen

Geistheilern sagen? Viele von ihnen wissen nicht, mit welchen Kräften sie arbeiten und können sie auch nicht beherrschen. Wer sich von ihnen heilen läßt, weiß nicht, wie teuer er seine Gesundheit erkauft hat. Denn Krankheit hat immer eine Bedeutung! Sie hat uns etwas zu sagen, wir sollen aus ihr lernen. Es gibt keinen Zufall! Auch keine zufälligen Krankheiten! Nur wenige wissen, wann sie jemanden heilen dürfen, und nur wenige sind es, die sich ganz dem Willen und der Kraft Gottes hingeben und ganz Gottes Werkzeug sind. Wer jemandem eine Krankheit abnimmt, der noch nicht so weit ist, nimmt ihm die Chance der Entwicklung, das einzige, was wirklich im Leben zählt! Außerdem treten nach vielen "stümperhaften" Geistheilungen andere Erkrankungen auf, die oft schlimmer sind als die "geheilten"! Naturgesetze sind Gesetze Gottes, und die lassen sich nicht umgehen, auch nicht überlisten!

Dasselbe gilt übrigens auch für das sogenannte "Positive Denken" und die vielen darauf aufbauenden Entspannungssysteme. Wenn Sie sich die entsprechende Technik aneignen, und sich dann aus selbstsüchtigen Motiven auf etwas konzentrieren - ob Gesundheit oder Reichtum oder sonst irgendetwas, immer müssen Sie den Preis dafür bezahlen!! Es hat schon seinen Grund, wenn die Bibel vor Magie und Okkultismus warnt! Wer ohne Gott geistige Kräfte mißbraucht, legt sich Fesseln an, die er nur schwer wieder los wird.

Unsere Meditation ist keine Geistheilung, sie hat auch mit "Positivem Denken" nichts gemeinsam. Unsere Meditation macht lediglich den Weg zu Gott frei. Sie öffnet uns für Seine Liebe und Kraft, und versetzt uns in die Lage, mit Seiner Kraft zu arbeiten zu unserem Wohl und zum Wohl anderer, stets aber in Seinem Sinne! Immer steht am Anfang unserer Meditation, unseres Gebetes, Jesu Wort: *"Dein Wille geschehe"*! Egal, was wir dann tun für uns, für andere, für die Welt, nie können wir mit dieser Einstellung etwas falsch machen, nie jemandem einen Schaden zufügen, weder uns noch anderen! Einer der großen Heiligen hat einmal gesagt. *"Liebe, und dann tu' was Du willst!"* Lassen Sie sich von niemandem verunsichern. Wenn dieser Willensakt der Ganzhingabe an Gott (*"Dein Wille geschehe"*) zu Ihrem täglichen Morgengebet wird, dann verlassen Sie sich auf Ihr Gefühl, auf den Schutz und die Eingebung Ihres Engels, und dann "tun Sie, was Sie wollen!"

Werden Sie nicht ungeduldig. Geduld ist nach der Liebe die Eigenschaft, die uns am meisten abgeht. Und Geduld läßt sich nicht lernen, wenn einem alles sofort in den Schoß fällt. Die Zeit geht bei Gott anders. Sind es für uns Monate, die uns lang werden, so rechnet Er in Jahren und Jahrzehnten.

Sieben Eigenschaften prägen das Wesen Gottes: Liebe, Wille, Geduld, Ernst, Ordnung, Barmherzigkeit, Weisheit. Gott will auch uns darin zur Reife führen. Die Meditation kann uns gute Dienste leisten. Eines aber kann sie nie: unseren Willen ersetzen, diesen Weg gehen zu wollen.